F. A. Brockhaus

Allgemeine deutsche Real-Encyclopädie für die Gebildeten Stände

F. A. Brockhaus

Allgemeine deutsche Real-Encyclopädie für die Gebildeten Stände

ISBN/EAN: 9783744795234

Printed in Europe, USA, Canada, Australia, Japan

Cover: Foto ©Thomas Meinert / pixelio.de

More available books at **www.hansebooks.com**

Brockhaus' Conversations-Lexikon.

Dreizehnte
vollständig umgearbeitete Auflage.

Mit Abbildungen und Karten
auf mehr als 400 Tafeln und im Texte.

Supplementband.

Bogen 1 nebst Tafeln:

Flaggen des Deutschen Reichs. — Neueste Handfeuerwaffen.

1. Kaiser-Standarte.

2. Kaiserin-Standarte.

3. Kronprinzen-Standarte.

4. Standarte des königlichen Hauses.

5. Flagge des Chefs der Admiralität.

6. Kriegswimpel.

7. Gösch.

8. Flagge der Lotsenfahrzeuge.

9. Lotsensignal.

10. Flagge der Postschiffe.

11. Flagge der Zollfahrzeuge.

12. Flagge der Regierungsfahrzeuge.

13. Flagge des Admirals.

14. Flagge des Viceadmirals.

15. Flagge des Kontreadmirals.

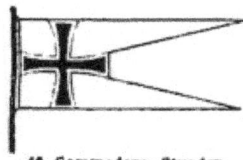

16. Commodore-Stander.

17. Divisions-Stander.

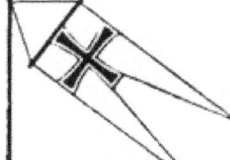

18. Flottilen-Stander.

NEUESTE HANDFEUERWAFFEN.

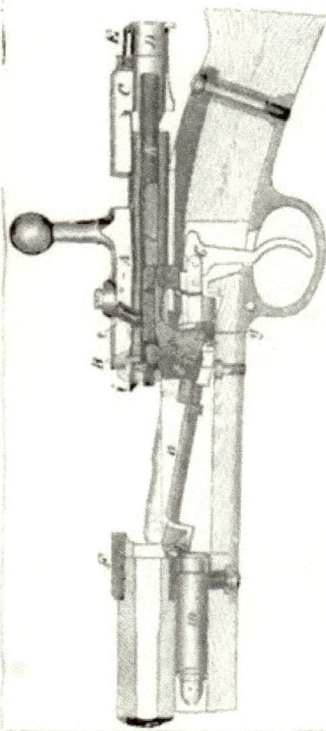

4. Geradzug-Gewehr von Mannlicher (Wien), Magazinvorrichtung.

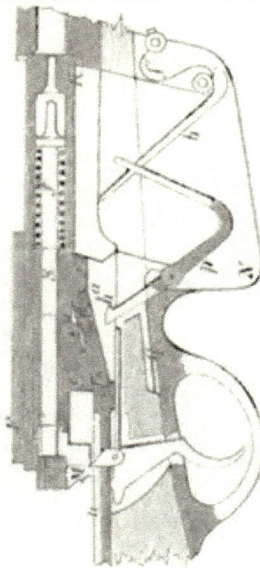

5. Schlossmechanismus des Geradzug-Gewehrs.

6. System Schulhof (Wien), verbessertes Kolbenmagazin.

1. Deutsches Infanterie-Gewehr M 71. N4, Schloss bei geöffneter Kammer zum Magazinfeuer gestellt.

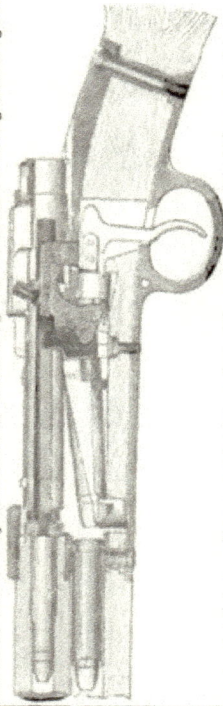

2. Deutsches Infanteriegewehr M 71. N4, das gespannte Schloss zum Magazinfeuer gestellt.

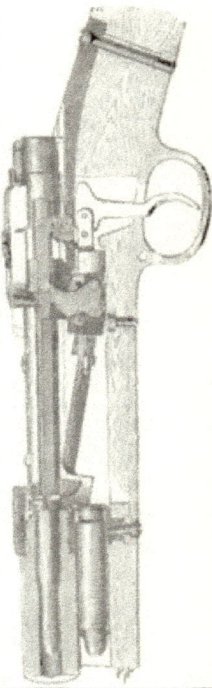

3. Deutsches Infanteriegewehr M 71. N4, das gespannte Schloss, Mehrladevorrichtung abgestellt.

Brockhaus' Conversations-Lexikon. 13 Aufl. Suppl.

Zu Artikel Handfeuerwaffen.

A.

Artikel, die sich bereits in der 13. Auflage des Hauptwerks finden und hier Ergänzungen, Verbesserungen u. s. w. erfahren, sind mit einem Sternchen * bezeichnet.

*Aachen, Hauptstadt des gleichnamigen preuß. Regierungsbezirks, zählt (1885) 95 725 E., worunter 88 377 Katholiken, 6022 Protestanten und 70 Juden. Das Rathaus wurde 29. Juni 1883 durch Feuersbrunst teilweise zerstört; namentlich wurden die beiden, den Bau flankierenden Türme stark beschädigt.

Der Landkreis Aachen zählt (1885) 111 196, der Regierungsbezirk 554 568 E.; von letztern sind 519 753 Katholiken, 20 264 Protestanten, 77 sonstige Christen und 4429 Juden. Vgl. Lersch, «A., Wurfteſchd und Umgebung» (4. Aufl., Aach. 1885).

Aarabi Pascha, s. Arabi Pascha.

Aarestrup (Karl Ludwig Emil), dän. Dichter, geb. 4. Dez. 1800 zu Kopenhagen, starb 1856 als Provinzialarzt zu Odense. Seine «Digte» (1838) und «Efterladte Digte» (1863) bekunden den Einfluß von Ohlenschläger, Heine und Moore und sind durch hinreißende erotische Glut charakterisiert.

Aarifi Pascha, osman. Staatsmann, um 1819 zu Konstantinopel und zwar im eigentlichen Stambul (daher der frühere Beiname: Stambuli, der Stambulaner), als Sohn eines wohlhabenden türk. Civilbeamten geboren, erhielt eine gute Erziehung und trat dann in das Bureau der Übersetzungen. Er wurde befreundet mit den damals noch nicht in hoher Stellung befindlichen Staatsmännern Aali und Fuad und gewann das Interesse Reschid Paschas, des Hauptes der türk. Reformpartei. Dieser veranlaßte seine Sendung als Botschaftssekretär nach London und Paris. Im J. 1858 nach Konstantinopel zurückgekehrt, erhielt A. Effendi auf Verwendung Fuad Paschas die einflußreiche Stellung eines Dragomans (Terdschiman) des kaiserl. Diwans, in der er bis 1863 verblieb. Danach war er abwechselnd Chef verschiedener Bureaus im auswärtigen Amt (Chariddsche), Mitglied des Staatsrats und endlich Muſteschar (Unterstaatssekretär) verschiedener Ministerien. Ende der sechziger Jahre wurde er Vezier und hatte damit die erste Beamtenstufe, welche ihn zur Bekleidung von Ministerposten befähigte, gewonnen. Zu den eigentlichen Kapazitäten des Reichs wurde er indes nicht gezählt. Mehrmals Naſir (Minister), fiel er 1879 in Ungnade, wurde als Generalgouverneur der entlegenen Provinz Zrak Arabi (Mesopotamien) nach Bagdad gesendet, infolge eines Umschlags der Hofgunst aber 1881 von dort zurückberufen und bald darauf vorübergehend unter dem Titel Bafch Nafir als erster Minister (das Amt eines Großveziers war damals abgeschafft) mit dem Vorsitz im Kabinett betraut. Auch nachdem er später nach wenigen Wochen diesen obersten Posten verloren, blieb er, als Minister des Auswärtigen, im Ministerium unter Kütschük Said Pascha. Da letzterer jedoch seinen Freund Affym Pascha in diese Stellung zu bringen bemüht war, resignierte A. und erhielt die nichtssagende Präsidentschaft des Staatsrats, welche er nach einer Unterbrechung, während welcher er verschiedenen Ministerien niederer Ordnung vorstand, auch gegenwärtig (Anfang 1887) noch bekleidet.

*Abáno, Stadt in der ital. Provinz Padua, zählt (1881) 711, als Gemeinde 3901 E.

*Abauj, Komitat in Ungarn, zählt (1880) 163 786 E.

Abbazia, Dorf in der Bezirkshauptmannschaft Volosca des österr. Küstenlandes, westlich von Fiume, am Quarnero, Station der Linie St. Peter-Fiume der österr. Südbahn, zählt (1880) 360 E. meist serbokroat. Zunge. Die schöne Lage an der See, die hier durch die Verschiebung der Inseln einem großen, von reizenden Gebirgspartien gesäumten Bergsee gleicht, die geschützte Lage am Ostabhange des Monte-Maggiore, die die Entwickelung einer subtropischen Vegetation möglich macht, und die reizenden Gartenanlagen, mit welchen ehedem die Besitzer der in eine Villa umgewandelten alten Abtei (daher der Name) die Umgebung zu schmücken wußten, lenkten die Aufmerksamkeit frühzeitig auf diesen Ort als einen von der Natur besonders begünstigten. Neuerdings ist A. zu einem vielbesuchten Kurorte geworden. Der Verkehr ist sowohl durch die Südbahn, wie durch eine Dampferverbindung mit Fiume geregelt. Vgl. Noë, «Tagebuch aus A.» (Teschen 1884); Szemere, «Der See- und klimatische Winterkurort A.» (Stuttg. 1885).

*Abbeville, Stadt im franz. Depart. Somme, zählt (1881) 19 283 E.

*Abbiategrasso, Stadt in der ital. Provinz Mailand, zählt (1881) 5425, als Gemeinde 10 652 E.

*Abd-el-Kader, der durch seine Kämpfe mit den Franzosen in Algier berühmte arab. Emir, verweilte während seiner letzten Lebensjahre abwechselnd in Mekka und Damaskus und starb 26. Mai 1883 zu Damaskus.

*Abd-ul-Hamid, 34. Sultan der Osmanen, nahm im Unterschied zu seinen Vorgängern einen regen Anteil an den Geschicken des Reichs und war der erste osman. Herrscher, welcher sich persönlich und direkt mit Staatsangelegenheiten beschäftigte. Er umgab sich mit gewandten Sekretären, nahm, sobald es sich um wichtige Fragen handelte, an den Beratungen des Kabinetts unmittelbaren Anteil und machte auch geringfügigere Entscheidungen von seiner Genehmigung abhängig. Infolge dessen wurde der Schwerpunkt der Regierung von der Pforte zum Zildis Kiosk, der Residenz des Souveräns, verlegt. Unter des letztern Umgebung hatte schon während des Kriegs mit Rußland 1877/78 Said Pascha mit dem Beinamen Kütschük (der Kleine), zunächst als Sekretär, dann später als

Minister der Civilliste, einen vorwiegenden Einfluß gewonnen. Dem gegenüber hätten England und Frankreich es als ihrem Interesse für entsprechender erachtet, wenn ein thatkräftiger Großvezier die Gewalt an sich gerissen, dem Bestreben des im allgemeinen tiefgreifenden Veränderungen abgeneigten Sultans entgegen, eine Reformära eingeleitet und der Selbstregierung A.s ein Ende gemacht hätte. Schon Midhat Pascha war durch das brit. Kabinett dazu ausersehen. Dagegen verständigten sich beide Mächte Mitte 1878 darüber, daß der ehemalige tunes. General und Premierminister Khereddin zu dem Ende in den türk. Dienst gezogen und dem Sultan als Großvezier empfohlen werden sollte. Am 4. Dez. 1878 vollzog A. Khereddins Ernennung für den höchsten Posten. Inzwischen war Kütschük Said Pascha als Justizminister ins Kabinett eingetreten zu dem offen zu Tage liegenden Zweck, die Initiative dem Sultan gegenüber den großvezierlichen Bestrebungen zu wahren, und schon 1879 mußte Khereddin Pascha auf sein Portefeuille für immer verzichten. Die Selbstregierung des Sultans war damit definitiv festgestellt. In der Politik, welche A. seitdem verfolgte, hat das persönliche Interesse entschieden vorgewogen. Anfangs zu England neigend, suchte er sich wider die auf den Gewinn des dominierenden Einflusses abzielenden Bestrebungen dieser Macht vorübergehend ein Gegengewicht in nähern Beziehungen zu Frankreich, danach aber, als beide sich über Khereddin geeinigt hatten, eine Anlehnung an Deutschland zu suchen. Er zog seit 1880 preuß. Civilbeamte und seit Mai 1882 preuß. Offiziere unter dem Vorwand einer Reorganisation der Verwaltung und des Heerwesens, für welche beide gleichwohl letztlich nichts geschah, in seinen Dienst. Allein nach dem ostrumel. Staatsstreich 18. Sept. 1885 und noch nach dem Attentat vom 21. Aug. 1886 zu Sofia hat der Sultan, wie es scheint, abermals seine Absichten geändert und ist unter Wahrung den deutschen Freundschaft bemüht, vorzugsweise mit Rußland und Frankreich sich gut zu stellen. (Vgl. Osmanisches Reich.) A.s ältester Sohn, Mehemmed Selim Efendi (geb. 11. Jan. 1870), ist bei Anwesenheit (Sept. 1886) des Herzogs von Edinburgh zum ersten mal als zeitweiliger Stellvertreter seines Vaters in die Öffentlichkeit getreten.

*Abd-ul-Kerim Pascha, türk. General, starb im Febr. 1886 in Metelin (Lesbos).

*Aberavon, Stadt in England, zählt (1881) als Municipalborough 4875 E.

*Aberdare, Dorf in England, zählt (1881) 33796 E.

Aberdaregebirge, Lord Aberdare Range, Bergkette im äquatorialen Ostafrika, welche sich im nördl. Massailande zwischen dem Äquator und 1° südl. Br. von NNW. nach SSO. hinzieht, bis zu 4300 m Höhe aufsteigt und durch das Thal des nordöstlich fließenden Guaso Njiro östlich vom Kenia getrennt ist. Am Kinangopberge, nahe dem Südende des Gebirgszugs, entspringt der Guaso Njiro, der das A. auf der Westseite in nördl. Richtung umfließende Urura (im Unterlauf Guaso N'Erol), welcher im NW. des Kenia links zu dem genannten Guaso Njiro geht, endlich drittens der Guaso Amboni, ein Quellfluß des Tana. Das A. wurde von Jos. Thomson auf seiner Reise zum Kilima-Ndscharo, Kenia und Victoria-Nyanza entdeckt, am nördl. Ende bei Laschau überschritten und benannt.

*Aberdeen, schott. Grafschaft, zählt (1881) 267990 E.   [7285 E.

*Abergavenny, Stadt in England, zählt (1881)

Aberschaw, Stadt in England, Monmouthshire, mit Kohlen- und Eisengruben, Eisenhütten und (1881) 13494 E.   [6664 E.

*Aberystwith, Stadt in England, zählt (1881)

*Abessinien. Nach Auflösung der ägypt. Herrschaft im Sudan schloß Admiral Hewett namens der brit. Regierung und Mason Bei im Namen Ägyptens 3. Juni 1884 in Adowa mit König Johannes einen Vertrag, nach welchem alle Waren, einschließlich Waffen und Munition, von und nach A. freien Transit durch Massaua unter engl. Schutz haben, die Bogosländer wieder an A. zurückfallen und der Abzug der ägypt. Besatzung von Kassala, Amedib und Senhit durch A. gestattet sein sollte. Infolge dessen haben die Abessinier die Bogosländer wieder besetzt, aber die Grenzgebiete der ägypt. Provinz Kassala zu gewinnen, gelang ihnen nicht, weil die Häuptlinge dieser Gegenden aus Furcht vor den abessin. Herrschaft lieber den Scharen des Mahdi sich anschlossen. Dagegen hat König Menilek von Schoa im Einverständnis mit dem Oberkönig Johannes in neuester Zeit siegreiche Kriege gegen die Gallastämme im Süden seines Reichs geführt und 1880 von den längst abgetrennten Provinzen Godscham, Enarea und Kaffa wieder Besitz genommen, sucht auch nach Möglichkeit dem Christentum daselbst aufzuhelfen und dem Sklavenhandel entgegenzutreten. Seit Italien sich am 27. Febr. 1885 in Massaua festgesetzt hat, ist es in den Hewettschen Vertrag eingetreten, doch hat König Johannes diese Besitznahme nicht anerkannt und die Absicht, Massaua für A. zu erwerben und dadurch einen Hafenplatz am Roten Meere zu gewinnen, nicht aufgegeben. Im Anfang des J. 1884 begab sich eine ital. Gesandtschaft unter Generalmajor Pozzolini an den Hof des Johannes, teils um die Handelsbeziehungen mit Italien zu regeln, teils eine größere Sicherheit des Verkehres an der Ostgrenze A.s zu erzielen. Die Italiener übernahmen 2. Dez. 1885 in Massaua die Landesverwaltung, worauf die ägypt. Beamten und Truppen nach Suez abzogen. Der ital. Oberbefehlshaber, Generalmajor Gené, ließ die Stadt nach der Landseite hin befestigen und besetzte dieselbe mit 3000 Mann. Aus türk. Dienste wurde in die italienischen ein Korps von 1000 Mann Baschi-Bosuks übernommen und zur Besetzung der nächsten Dörfer verwendet, auch wurden einige vorgeschobene Posten auf den vorliegenden Höhen zum Schutze der dort einmündenden Handelsstraßen befestigt und mit ital. Truppen besetzt. Man traf mit Umsicht Vorkehrungen, um die Truppen gegen die schädlichen Einflüsse der örtlichen und klimatischen Verhältnisse zu schützen, doch litt die Garnison sehr durch bösartige Fieber und Mangel an Trinkwasser. Im Jan. 1887 rückten abessin. Truppen unter General Ras Alula gegen Massaua vor, denen der Negus mit einem größern Heere im Abstande von neun Tagemärschen folgte. Ras Alula griff die aus vorgeschobenen Posten auf den Höhen von Sahati zurückgezogenen ital. Truppen (512 Mann nebst 50 Baschi-Bosuks) 25. Jan. an und sprengte dieselben 26. Jan. nach mehrstündigem Kampfe, in welchem die Abessinier starken Verlust erlitten, aber alle Geschütze und viele Waffen erbeuteten, auseinander; nur 82 verwundete Italiener, darunter

1 Offizier, entkamen nach Massaua. **Aus Italien** wurden noch Ende Januar 1000 Mann, 1 Feldbatterie und 2 Gebirgsgeschütze als Verstärkung abgesendet, denen im Februar 2 Bataillone mit 1 Batterie folgten. (Vgl. Italien u. Massaua.) Litteratur. Matteucci, «In Abissinia» (Mail. 1880); Bigoni, «Abissinia» (Mail. 1881); Winstanley, «A visit to Abyssinia» (Lond. 1881); Rohlfs, «Meine Mission nach A.» (Lpz. 1883), Hartmann, «Der Weltteil Afrika in Einzeldarstellungen. I. Abessinien» (Prag 1883).

Abewega, s. unter Azbula.

Abfertigung nennt die Zoll- und Steuerverwaltung den Inbegriff derjenigen amtlichen Handlungen, welche darauf gerichtet sind, zu ermitteln und festzustellen, ob und in welchem Umfange eine aus dem Auslande eingegangene Ware oder ein inländisches Erzeugnis, welches einer Verbrauchssteuer unterliegt, abgabepflichtig ist. Die Schriftstücke, welche die erforderlichen Abfertigungsanträge der Abgabepflichtigen und die Abfertigungsermittelungen der Abfertigungsbehörden (Abfertigungsstellen) enthalten, heißen im allgemeinen Abfertigungspapiere, während man den amtlichen Ausweis, welcher den Abgabepflichtigen über das Ergebnis der A. erteilt wird, als Abfertigungsschein zu bezeichnen pflegt. Abfertigungsscheine in diesem Sinne sind insbesondere auch die amtlichen Quittungen über entrichtete Zölle und Steuern.

Abhalten, ein Schiff so steuern, daß es mehr vom Winde abgeht und dieser mithin mehr von hinten kommt.

*Abich (Wilh. Herm.), Naturforscher und Reisender, starb 2. Juli 1886 in Wien.

*Abingdon, Stadt in England, zählt (1881) 5662 E.

Abklingen der Nachbilder. Die Lichtbilder auf der Netzhaut des Auges dauern etwas länger als die direkte Einwirkung des Lichts, sodaß vermöge dieser Nachdauer ein erster Augenblick ein positives Nachbild zurückbleibt, bei welchem Licht und Dunkelheit wie am Objekt selbst verteilt sind. Mit der Ermüdung der von dem Bilde getroffenen Netzhautteile geht das positive Nachbild, vermöge verminderter Reizempfindlichkeit, in ein negatives Nachbild über, bei welchem die hellen Stellen des Gegenstandes dunkel und die dunkeln hell erscheinen. Die positiven Nachbilder farbiger Objekte zeigen dieselben Farben wie die lettern, wogegen die negativen Nachbilder mit den komplementären Farben zum Gegenstande auftreten. Dies kommt daher, weil die ermüdeten Netzhautstellen nach dem Wegnehmen des Gegenstandes für die Farben des lettern abgestumpft sind derart, daß jetzt auf kurze Zeit der Eindruck der noch übrigen Strahlen des dargebotenen farblosen Lichtes vorherrscht, was eben die Ergänzungsfarbe gibt. Läßt man ein positives, nur aus Weiß und Schwarz bestehendes Nachbild ohne Störung weiter wirken, so verschwindet es allmählich, wobei es verschiedene Farben annimmt. Dieser Farbenwechsel heißt das farbige A. Je nach der Dauer und Stärke des ursprünglichen Eindrucks ist hierbei die Farbenfolge je eine andere, woraus sich die verschiedenen Angaben der Beobachter über die Farbenreihe beim A. erklären. Nach Fechner, Seguin und Helmholz geht das Weiß des positiven Nachbildes schnell durch grünliches Blau (nach Seguin Grün) in Indigblau, Violett und Rosenrot und endlich in graues Orange über, wobei während

des lettern schon die Umwandlung des positiven Nachbildes in das negative beginnt. Das A. tritt am deutlichsten an den positiven Nachbildern der Sonne auf.

Ablader, im Seetransport derjenige, welcher die Fracht für das Schiff liefert.

Ablauf, architektonisches Glied in Form einer Verbindungslehre zweier vertikalen Flächen (s. die beistehende Figur). Ferner ist A. soviel wie Böschung.

Ablepharie (grch.), der gänzliche oder teilweise Mangel der Augenlider, ist entweder angeboren oder durch Verletzung, Brand u. dgl. erworben; erfordert zu ihrer Beseitigung eine plastische Operation.

Abmusterung heißt die Entlassung der Schiffsmannschaften und Auszahlung der Löhne (Heuer) an dieselben nach Beendigung der Seereise.

*Abo, Stadt in Finland, zählt (1884) 25181 E.; das Län Abo-Björneborg zählt 363234 E.

*Abony, Marktflecken in Ungarn, zählt (1880) 11186 E.

*About (Edmond François Valentin), franz. Schriftsteller, starb 17. Jan. 1885 in Paris. Seine Leiche wurde 19. Jan. unter großen Feierlichkeiten auf dem Friedhof Père-Lachaise beerdigt.

*Abrudbanya, Stadt in Siebenbürgen, zählt (1880) 2868 E.

*Abruzzen. Das ital. Compartimento Abruzzi e Molise zählt (1881) 1382966 E., von denen 392477 auf Aquila, 377695 auf Campobasso, 353699 auf Chieti, 259095 auf Teramo kommen.

*Abschlagen, die Segel von den Raaen oder sonstigen Gestellstangen ablösen.

Abschneiden, Elementaroperation der Meßkunst, bei welcher es sich darum handelt, aus einer Seite und zwei Winkeln eines Dreiecks den dritten Dreieckspunkt auf dem Papier zu finden. Liegen beide Winkel an der gegebenen Seite, so spricht man von Vorwärts-Abschneiden; ist dagegen ein Winkel ein anliegender, der andere ein gegenüberliegender, so spricht man von Seitwärts- und Rückwärts-Abschneiden. In jedem der beiden Fälle wird eine Aufstellung in einem der gegebenen Punkte genommen. Die andere Aufstellung erfolgt im ersten Falle gleichfalls in einem der gegebenen, im zweiten Falle in dem gesuchten Punkte des Feldbreiecks. Beim Gebrauch des Meßtisches wird das Bildbreieck unmittelbar gefunden, bei andern Instrumenten nach erfolgter Messung der Winkel durch Antragen lehterer an die gegebene Seite.

Absonderung (bei Gesteinen). Bei der Abkühlung und Festwerdung glutflüssiger Gesteinsmassen erfolgt eine Kontraktion und mit ihr eine sehr verschiedenartig verlaufende A. (Zerklüftung) der lettern. Dieselbe ist entweder die unregelmäßig polyedrische (Granite, Porphyre), oder eine prismatische, in säulenförmige (Basalt), oder eine plattenund tafelförmige (Phonolith), oder endlich eine sphäroidische, also kugelige (Diabas). Die für Sedimente (s. b., Bd. XIV) charakteristischen Absonderungsformen sind: Schichtung (s. b., Bd. XIV) und Schieferung (s. b., Bd. XIV).

Absorptiometer, ein von Bunsen konstruierter Apparat, welcher zur Bestimmung der Löslichkeitskoëfficienten von Gasen in Flüssigkeiten dient.

Abstecken ist das vorübergehende Bezeichnen von Punkten und damit von Linien und Figuren auf dem Felde durch Pfähle, Stangen und andere

Merkzeichen. Die Punkte können entweder einem gegebenen oder einem gedachten Bilde angehören. Im erstern Falle handelt es sich darum, das Bild in die Wirklichkeit zu übertragen, so z. B. beim A. von Plätzen, Verkehrswegen, Kunstbauten, Befestigungsanlagen u. s. w. Bei Terrainaufnahmen dagegen bilden die abgesteckten Punkte das Mittel zur Erzeugung eines Terrainbildes und ergänzen die schon auf anderm Wege gekennzeichneten Punkte der Situation (wie Turmspitzen, Schornsteine, Giebel von Häusern u. s. w.), oder das A. ist nur das Hilfsmittel zur Ausführung einer Meßoperation. Als Mittel zum A. benutzt man Absteckpfähle bis 0,s m lang, Fluchtstäbe 2—3 m lang, Meßfahnen 3—4 m lang; im weitern Sinne gehören hierher noch die Signale, welche in Stangen-, Pfeiler-, Bock-, Pyramiden- und Lichtsignale unterschieden werden. Soll ein Punkt gleichzeitig nach seiner absoluten Höhe bezeichnet werden, so bedient man sich der Grundpfähle, welche nach dem Eintreiben in die Erde in entsprechender Höhe flach abgeschnitten werden. Bei größern Vermessungen bedient man sich des Heliotropen, einer Vorrichtung, welche das auf sie fallende Sonnenlicht von ihrem Standpunkt nach dem entfernten Beobachtungspunkt hinstrahlt. In der Markscheidekunst benutzt man wegen des harten Gesteins sog. Punkteisen. Die in der Meßkunst gewöhnlichsten Grundaufgaben des A. sind: A. einer geraden Linie von einem Endpunkte oder aus der Mitte heraus; A. senkrechter und paralleler Linien; A. von Winkeln, gebrochenen und krummen Linien; A. von Höhenpunkten, Niveaulinien, geböschten Linien; A. von Figuren.

*Abt (Franz), Liederkomponist, starb 31. März 1885 in Wiesbaden.

Abterode, Pfarrdorf in der preuß. Provinz Hessen-Nassau, Regierungsbezirk Kassel, Kreis Eschwege, auf einer Hochebene am östl. Abhange des Meißner, 248 m über dem Meere, ist Sitz eines Amtsgerichts, zählt (1880) 1064 meist evang. E., die Hausierhandel mit Großalmerode-Thonwaren (Schmelztiegeln, Apothekerbüchsen) u. s. w. betreiben, und hat am Meißner Braunkohlenbergwerke. Etwa 3 km nordöstlich liegt die Burgruine Bilstein auf einem Felskegel, der sich in dem wildromantischen, vom Kupferbache durchrauschten Höllenthal erhebt.

*Abtreiben (im Seewesen), durch Wind und See seitwärts vom Kurse vertrieben werden.

Abtrieb nennt man in der Forstwirtschaft die Hinwegnahme, Ernte, eines Holzbestandes oder Teils desselben. Beim Kahlschlagbetrieb erfolgt der A. sämtlicher auf der Schlagfläche stehenden Bäume auf einmal, ausnahmsweise höchstens unter Belassung einiger Überhälter, d. h. solcher Bäume, welche dazu bestimmt sind, einst besonders starke Sortimente zu liefern und deshalb mit dem auf der Schlagfläche neu begründeten Bestand bis zu dessen A. fortwachsen sollen. Beim Plänter- oder Femelschlagbetrieb erfolgt der A. allmählich während einer längern Reihe von Jahren und man nennt den Hieb, welcher die letzten alten Samen- oder Schutzbäume, unter Umständen mit Belassung einiger Überhälter entnimmt, Räumungs- oder Abtriebsschlag.

Aus dem Worte A. sind noch viele andere forstlich technische Ausdrücke gebildet. Abtriebsalter, gleichbedeutend mit Hiebsalter, bezeichnet das jenige Alter, in welchem ein Bestand abgetrieben, geschlagen wird oder werden soll. Abtriebsbedürftig

nennt man einen Bestand in waldbaulicher Hinsicht, wenn er so licht geworden ist, daß infolge längern Stehens desselben die Bodenkraft geschädigt wird, wenn nicht Unterbau eintritt; vom Gesichtspunkte der Ernte aus ist ein Bestand abtriebsbedürftig, wenn sein Zuwachs so tief gesunken ist, daß er den zu stellenden wirtschaftlichen Ansprüchen nicht mehr genügt. Abtriebsfähig oder hiebsfähig ist ein Bestand, wenn er geschlagen werden kann, ohne dadurch die ihn umgebenden Bestände zu gefährden. Abtriebsnutzung (Abtriebsertrag) umfaßt 1) alle Erträge, welche in Beständen oder Bestandsteilen ausfallen, die zur Verjüngung bestimmt sind; 2) aus andern Orten diejenigen Erträge, welche infolge von Naturereignissen in solcher Art und Wirkung ausfallen, daß dadurch die Verjüngung des betreffenden Bestandes oder Bestandsteils geboten erscheint, gleichviel, ob der A. in nächster Zeit wirklich erfolgen kann oder nicht. Alle übrigen Erträge nennt man Zwischennutzungen. Abtriebswert eines Baumes, Bestandes oder Waldes ist derjenige, welcher durch den A. wirklich gewonnen wird. Abtriebszeit eines Bestandes ist entweder der Zeitpunkt, in welcher derselbe abgetrieben werden soll, oder der Zeitraum, welcher zu seinem völligen A. nötig ist, wenn dieser nicht auf einmal, sondern in mehrern Schlägen erfolgt.

*Abtrift, das Ergebnis des Abtreibens (s. d.) oder den Winkel, den der wirkliche Weg des Schiffs durch das Wasser mit seiner Kiellinie bildet.

*Aeby (Christoph Theod.), schweiz. Anatom und Anthropolog, starb 11. Juli 1885 in Bern.

Acatenango, Vulkan im Süden der mittelamerit. Republik Guatemala, dessen Höhe von Rockstroh, welcher den Berg im Febr. 1882 erstieg, in seiner höchsten Spitze zu 3906 m bestimmt wurde; der dreigipfelige Nebenkegel, von Rockstroh Les Trois Soeurs benannt, erreicht eine Höhe von 3754 m. Der Krater des A. befindet sich zwischen den beiden Spitzen des Hauptgipfels, ist gleichmäßig rund, etwa 30 m tief und weist keine Spur von Thätigkeit auf. Im Süden dieses Kraters steigt eine senkrechte Wand etwa 60 m auf, welche den höchsten Gipfel bildet und Wirbel von Wasserdampf an zahlreichen Stellen ausstößt, welche von kleinem, aber kräftigem Pflanzenwuchs umgeben sind.

*Acerra, Stadt in der ital. Provinz Caserta, zählt (1881) 15165 E.

Acetonämie (grch.), eine durch Anhäufung von Aceton im Blut entstehende Krankheit, welche sich durch einen eigentümlichen acetonähnlichen Geruch des Atems und Harns, sowie durch gewisse nervöse Störungen, welche bald mehr den Charakter der Depression, bald mehr den hochgradiger Aufregung besitzen, zu erkennen gibt; dabei sind die Mund- und Rachenschleimhaut stets gerötet, trocken und mehr weniger glänzend und heiß. Die A. wird am häufigsten im Verlauf der Zuckerharnruhr, chronischer Magen- und Darmkrankheiten, sowie mancher fieberhafter Affektionen beobachtet; wahrscheinlich bildet sich das Aceton, in Abkömmling der Essigsäure, im Magen und Darm aus Traubenzucker und gelangt von da aus in das Blut. Acetonurie bezeichnet das Auftreten von Aceton im Harn.

Acetophenon, Phenylmethylaceton oder Hypnon, $C_8H_8COCH_3$, eine leichtbewegliche bei 210° siedende flüchtige Flüssigkeit, deren Geruch an Bittermandelwasser erinnert. Bei + 4 bis 5° C. wird es krystallinisch; in Wasser und Glyzerin ist es unlöslich, dagegen löslich in Alkohol, Äther, Chloroform und fetten Ölen. Das Mittel wird neuerdings in Einzelgaben von 6 bis 8 Tropfen als Schlafmittel empfohlen.

Achal-Teke, Kreis des russ. Transkaspischen Gebiets, zwischen der Wüste Kara-kum im N. und der pers. Provinz Chorasan im S., zählt auf 36396 qkm 42600 E. Die Ernte im Kreise A. betrug 1883 in Millionen Hektolitern. 3,9 Weizen, 1,1 Gerste und 0,7 Dschugará (Sorghum cernuum). Der Hauptort des Kreises ist Askabad (Aschabad), Station der Transkaspischen Militärbahn, mit 3700 E.

*Achalzich, Kreisstadt im russ. Gouvernement Tiflis, zählt (1884) 18269 E.

Achmed Wefik Pascha, osman. Staatsmann, geb. um 1818, stammt aus der Ehe eines auf der Insel Limno (Lemnos) ansässigen begüterten türk. Grundbesitzers mit einer Griechin. Er kam frühzeitig nach Konstantinopel und trat hier in das Bureau der Übersetzung. Dann wurde er Gesandtschaftssekretär in London und Paris, von wo er Mitte der vierziger Jahre nach Konstantinopel zurückkehrte. Um 1850 wurde er nach Bukarest gesandt, zunächst als Sekretär des dort in außerordentlicher Mission anwesenden Fuad Effendi. Er blieb in Bukarest bis 1851. In der Folge stellten die Differenzen unausgleichbarer Art zwischen seinen Anschauungen und denen der damals dominierenden jüngern staatsmännischen Schule, deren Chef Reschid, später Fuad und Aali waren, heraus. Im Gegensatz zu diesen erachtete A. den türk. Orient nur unter Anlehnung an die abendländische Kultur, im übrigen aber aus sich selber heraus, für reformierbar und erklärte im Aufkropfen europ. Civilisation auf musulmanische Barbarei für ein ergebnisloses Beginnen. A. zog sich in das Privatleben zurück und widmete sich dem Studium und der Vermehrung seiner ausgezeichneten Bibliothek. Er trat erst wieder in der Öffentlichkeit hervor, als Midhat Pascha zum zweiten mal Dez. 1876 zum Vorsitz im Kabinett gelangte. Namentlich war es dessen Einführung einer konstitutionellen Verfassung, welche beide Männer einander näher führte. A. wurde auf Midhat Paschas Betreiben zum ersten Präsidenten der Kammer ernannt. Den Beratungen derselben hat er während deren Dauer unausgesetzt vorgestanden und hat sie mit großem Geschick und mit jener äußern Würde zu leiten gewußt, die alle Zeit sein Auftreten charakterisierte. Indes hatte die neue Institution nur einen kurzen Bestand. A. schied bei Vertagung des türk. Parlaments nicht aus dem Staatsdienst, sondern ging als Generalgouverneur der Provinz Khudavendighiar nach Brussa (1878). Nach dem Sturz des Großveziers Said Pascha 1880 nahm A. kurze Zeit dessen Posten ein, kehrte dann nach Brussa zurück und nahm 1884 definitiv seinen Abschied aus dem Staatsdienst.

Acholie (grch.), Mangel an Galle, Unterdrückung der Gallenabsonderung, findet sich bei verschiedenen fieberhaften Affektionen, nach starken Blutungen und bei Leberkrankheiten und bewirkt bei längerer Dauer mangelhafte Assimilation der Nahrung, anhaltende Stuhlverstopfung, Abmagerung und Entkräftung.

Achör (grch.), ältere Bezeichnung für Kopf- und Gesichtsausschläge, Kopfgrind.

Achröma (Achromasie, grch.), der Pigmentmangel der Haut, entweder angeboren oder erworben; letzterer erscheint meist ohne bekannte Veranlassung in Form größerer oder kleinerer milchweißer,

gegen die Umgebung scharf abgegrenzter Flecken der äußern Haut, die jeder Behandlung trotzen.

Achromatosen (grch.), Hautkrankheiten, die sich durch mehr oder weniger vollständigen Schwund des Hautpigments charakterisieren.

Achscharumow (Nikolaj Dmitrijewitsch), russ. Schriftsteller, geb. 1820 in Petersburg, besuchte das Lyceum in Zarskoje-Selo und war kurze Zeit Beamter im Kriegsministerium. Darauf widmete er sich aber der Malerei und besonders der Litteratur. Zuerst trat er mit einem dramatischen Scherz «Der Maskenball» auf. In weitern Kreisen bekannt wurde er aber durch die Novelle «Dvojnik» («Der Doppelgänger»), welche in den «Vaterländischen Annalen» erschien. Von seinen weitern Novellen und Romanen sind zu nennen: «Der Spieler», «Der Name eines andern», «Ein ungewöhnlicher Fall», «Die Bewohner des Waldes», «Der Mandarine» u. a. A. ist auch als Kritiker bedeutend; unter anderm schrieb er über Auerbachs «Auf der Höhe», Spencers «Prinzipien der Psychologie», «über den Servilismus in der Kunst» u. s. w.

*Achtermann (Theod. Wilh.), deutscher Bildhauer, starb 26. Mai 1884 zu Rom.

*Achtyrka, Kreisstadt im russ. Gouvernement Charkow, zählt (1884) 23892 E.

*Acircale, Stadt in Sicilien, zählt (1881) 22431, als Gemeinde 38547 E.

Ackerbaukolonien, s. Arbeiterkolonien.

Ackerkulte, Feldkulte, Verehrung besonderer, den Ackerbau beschützenden, sowie Bekämpfung der denselben schädigenden Gottheiten, ein Kultus, welcher bei allen ackerbautreibenden Völkern geübt wurde und sich bis heute in gewissen Gebräuchen fast allgemein erhalten hat. Die Ägypter verehrten den Sonnengott Osiris, dessen Leben und Sterben gleichbedeutend war mit dem Erwachen, Leben und Vergehen der Vegetation; bei den Griechen bewirkte die Persephone das Wachstum des Getreides, während die Demeter dasselbe beschützte; die Römer, bei denen der Ackerbaukultus am meisten ausgebildet war, glaubten, daß jede einzelne Wachstumsperiode der Kulturpflanzen auch von einem besondern Gotte, beziehungsweise Göttin behütet werde, daß es aber auch feindliche Götter, wie die Rostgöttin, Rubigo, gäbe, welche durch Opfer besänftigt werden müßten. Überbleibsel dieser, sowie deutscher heidn. Sitten sind in den besonders in kath. Gegenden üblichen Bittgängen, z. B. zur Beseitigung von Dürre oder Nässe, in dem Maien-, in dem Johannisfeste u. s. w. zu finden. Auch der Glaube an bestimmte, das Leben der Kulturpflanzen in Person darstellende Geister gehört in das Gebiet der A.; so gab es bei den Peruanern eine Mais- und eine Kartoffelmutter, bei den Germanen eine Roggenmuhme, Geister, deren nützlichem Wirken feindliche Dämonen entgegenwirkten. Zu letztern gehört bei den Germanen vor allem der Teufel selbst, welcher als Wissenschnitter das Getreide durchwandert und durch kleine, an den Zehen befestigte Sicheln die besten Halme herausschneidet, dann der Roggenwolf, welcher beim Winde Wellen in das Getreide schlägt und die Halme knickt, sowie das Mutterkorn hervorruft (Wolfszähne, der Tausschlepper u. a. m.; die Römer hatten einen Dornengott und die Göttin des Rostes; im Norden säete Loki Lesch Unkraut unter das Getreide u. s. f. Manche Sitten zur Bekämpfung dieser Dämonen sind bis heute geblieben, z. B. das Fangen des in die letzte, auf dem Felde stehende Garbe geflohenen

Kornmannes. Vgl. W. Mannhardts Schriften: »Wald- und Feldkulte« (2 Bde., Berl. 1875—77), »Roggenwolf und Roggenhund« (2. Aufl., Danz. 1866), »Die Korndämonen« (Berl. 1868).

Adermann (Karl Gustav), deutscher Reichstagsabgeordneter, geb. 10. April 1820 zu Elsterberg im sächs. Vogtlande, studierte in Leipzig, wurde 1847 Ratsaktuar in Dresden, 1849 Rechtsanwalt, 1855 zugleich Syndikus der Sächsischen Bank daselbst. Seit 1853 Mitglied des dortigen Stadtverordnetenkollegiums, war er 1854—64 Vizevorsteher, seit 1865 erster Vorsteher desselben. Im J. 1878 erhielt er das Ehrenbürgerrecht von Dresden. Seit 1869 ist A. als Vertreter des Wahlkreises Dresden rechts der Elbe Mitglied des Norddeutschen, resp. Deutschen Reichstags, in dem er zur deutsch-konservativen Fraktion gehört und namentlich auf dem Gebiete der Gewerbegesetzgebung sich hervorgethan hat. In den J. 1881—84 war er zweiter Vizepräsident des Reichstags.

Acolhuas (Akolhuer), der Name eines mit den Azteken sprachlich verwandten Indianerstammes, welcher unter der Herrschaft der sog. Chichimeken auf dem Schauplatz der mexikan. Geschichte erscheint. Die A. waren ein civilisierter Stamm, der seine Kultur den barbarischen Chichimeken mitteilte. Tezcuco, die Hauptstadt des Chichimekenreichs, wurde von ihnen erbaut und das Reich der Chichimeken hieß auch das Reich der A. Später gingen die A. in dem vom Norden her eingewanderten Azteken auf.

Acollas (Emile), franz. Rechtsgelehrter, geb. 25. Juni 1826 zu La Châtre, besuchte das Gymnasium zu Bourges, studierte die Rechte in Paris und war seit 1850 als Lehrer der Rechtswissenschaft thätig. Im Kongreß zu Genf 1867 that er sich durch radikale Kundgebungen hervor und wurde deswegen zu einem Jahr Gefängnis verurteilt. Die Commune ernannte ihn im April 1871 zum Dekan der Rechtsfakultät, er nahm aber dieses Amt nicht an. Er verfaßte mehrere Werke, wie »Manuel de droit civil« (3 Bde., 1869), »Les droits du peuple« (2 Bde., 1873), »La science politique, philosophie du droit« (1877) u. s. w.

*Aconcagua, Provinz in Chile, zählt (1885) 140261 E., die Hauptstadt San-Felipe hat 11500 E. Der Cerro de Aconcagua wurde 1883 von Güssfeldt bis zu 6400 m Höhe erstiegen und ist nach ihm 6970 m hoch.

*Acquapendente, Stadt in der ital. Provinz Rom, zählt (1881) 4367, als Gemeinde 5607 E.

*Acquaviva delle Fonti, Stadt in der ital. Provinz Bari, zählt (1881) 8525 E.

*Acqui, Stadt in der ital. Provinz Alessandria, zählt (1881) 9287, als Gemeinde 11193 E.

Acrel (Olof af), hervorragender schwed. Chirurg, geb. 27. Nov. 1717 in der Pfarrei Oster-Åker unweit Stockholm. In der Geschichte der Chirurgie hat A. einen Platz an der Seite der Männer, die die Chirurgie vom Handwerk der Feldscherer zur Wissenschaft hoben. Nach Studienreisen im Auslande und praktischer Übung während des österreichischen Erbfolgekriegs ward A. berufen, das neuerrichtete Seraphimerlazarett in Stockholm zu ordnen, und war auch erster Oberchirurgus desselben. Seit 1755 hielt A. als Professor öffentliche Vorlesungen, 1776 wurde er zum Generaldirektor sämtlicher schwed. Krankenhäuser und Lazarette ernannt und 1780 in den Adelsstand erhoben. Er starb zu

Stockholm 28. Mai 1806. Seine Schrift »Om Friska sårs egenskaper« (1745) ward von Haller hoch geschätzt, die »Kirurgiska händelser« (1759) wurden ins Deutsche und Holländische übersetzt.

*Acri, Stadt in der ital. Provinz Cosenza, zählt (1881) 10201, als Gemeinde 11442 E.

Acs, Dorf im ungar. Komitat Komorn, zählt (1880) 4437 E.

Acton, Stadt in der engl. Grafschaft Middlesex, im Westen Londons, ist Eisenbahnstation und zählt (1881) 17100 E.

*Adalbert (Heinr. Wilh.), Prinz von Preußen. Sein Denkmal zu Wilhelmshaven wurde 16. Sept. 1882 enthüllt.

*Adam (Franz), Historienmaler, starb in der Nacht vom 29. zum 30. Sept. 1886 in München.

Adam (Lucien), Sprachforscher, geb. 30. Mai 1833 in Nancy, bezog im 17. Jahre die Faculté de droit in Paris und machte dann eine Reise durch die Vereinigten Staaten von Amerika. Nach kurzer Advokatenpraxis in Nancy ging er 1857 als Beamter nach Cayenne, wo er bis 1860 verblieb. Nach seiner Rückkehr war A. Staatsanwaltsubstitut in Montmédy, Épinal und Nancy, wurde 1876 Rat beim Gerichtshof der letztern Stadt und 1883 Präsident des Appellationsgerichtshofs in Rennes. Anfangs mit mehreren ural-altaischen Sprachen beschäftigt, studierte A. seit 1870 auch die Sprachen der Neuen Welt, über welche er mehrere Arbeiten veröffentlichte, wie »Esquisse d'une grammaire comparée des dialectes Cree et Chippeway« (Par. 1876), »Examen grammatical comparé de seize langues américaines« (Par. 1878), »Grammaire de la langue Jâgane« (Par. 1885). Ein großes Verdienst hat sich A. um die Fortführung der von Uricoechea begründeten »Bibliothèque linguistique américaine« erworben, in welcher er die Sprachen von Guaiana, die Sprache der Chiquitos, die Timucua- und Taensasprache herausgab. In neuester Zeit ist von ihm eine neue Ausgabe des von A. Pinart bereits edierten Materials der Chiapaneca-sprache erschienen. A. hat die beiden Amerikanistenkongresse in Nancy und Luxembourg organisiert.

Adam (William Patrick), engl. Staatsmann, wurde 1823 als Sohn des Admirals Sir Charles A. geboren, empfing seine wissenschaftliche Erziehung in Rugby und Cambridge, wurde 1849 an die Barre des Inner-Temple berufen, praktizierte als Advokat und bewarb sich schon 1850 um den Parlamentssitz für Clackmannan, den vorher in regelmäßiger Reihenfolge sein Urgroßvater, Großvater und Vater innegehabt hatten. Jn seiner Bewerbung erfolglos, ging A. 1851 nach Indien und wurde 1853 Privatsekretär Lord Elphinstones, damaligen Gouverneurs von Bombay. Im J. 1858 nach England zurückgekehrt, gewann er bei den Wahlen von 1859 den Sitz für Clackmannan und widmete sich mit so großem Eifer und Talent der Politik, daß ihm in den liberalen Ministerien von 1865 bis 1866 und 1868 bis 1873 der wichtige Posten des parlamentarischen Einpeitschers übertragen wurde. Von 1873 bis 1874 war A. Minister der öffentlichen Arbeiten. Derselbe Posten wurde ihm 1880 bei der Bildung des zweiten Ministeriums Gladstone übertragen. Doch nahm er schon einige Monate später die Ernennung zum Gouverneur von Madras an. Hier starb er 24. Mai 1881.

Adamo (Max), Geschichts- und Genremaler, geb. in München 1837, war einer der tüchtigsten Schüler von Folz an der Akademie, von dem er dann zu Piloty überging. Seine ersten Arbeiten schon, z. B. das Leben des Ehrgeizigen (gezeichnete Entwürfe), erregten Aufsehen. Im Bayrischen Nationalmuseum wurde er bei der Herstellung der histor. Wandmalereien beschäftigt; er hat dort das Blütezeitalter Nürnbergs gemalt. Seither ist A. zumeist mit histor. Schilderungen hervorgetreten, so dem Sturz Robespierres (1870), Oranien und Egmont, Karl I. und Cromwell. Aber auch im Genrefache ist A. bedeutend, wie sein Goldmacher, der Waffenschmied u. a. zeigt. A. ist ferner ein talentvoller Illustrator; besonders seine Zeichnungen zu Pechts «Shakespeare-Galerie» (Lpz. 1876) verdienen in dieser Beziehung genannt zu werden. Eins seiner letzten großen Gemälde ist die Auflösung des Parlaments durch Cromwell.

Adams, Ort in der Grafschaft Berkshire im nordamerik. Staate Massachusetts, liegt am Hoosacflusse, hat Baumwoll-, Woll- und andere Fabriken, zwei Zeitungen und (1880) 5591 E. In der Nähe befindet sich die Natürliche Brücke über den Hudsonsbrook und Saddle-Mountain oder Mount Greylod.

Adan (Emile), Direktor des militärisch-kartogr. Instituts zu Brüssel, geb. 18. Okt. 1830, besuchte die Militärschule, war 1852—59 bei der belg. Landesaufnahme thätig, wurde darauf als Lehrer an die Militärschule berufen und 1875 als Oberst zum Direktor des kartogr. Abteilung des belg. Generalstabes ernannt. Er war Mitbegründer und Vizepräsident der Belgischen Geographischen Gesellschaft und lieferte zahlreiche Beiträge für deren Bulletin. Außerdem machte er sich besonders verdient für die Forschungsreisenden des Internationalen Afrikanischen Association durch die Einrichtung eines praktischen Vorbereitungskursus behufs Ausführung astron. Ortsbestimmungen und kartogr. Aufnahmen. A. starb 13. Jan. 1882 in Ixelles.

Adaugbe, Ortschaft im deutschen Togogebiet an der Sklavenküste, gegen 40 km von der Bai von Benin entfernt, an einem Flusse, welcher auf den Bergen von Akposo entspringt und in die Nordivîye der Togo-Lagune mündet, zählt etwa 7—8000 E., und zwar Minas, welche in der zweiten Hälfte des 18. Jahrh. aus der Gegend von Akra an der Goldküste hierher flüchteten. Zöller hatte bereits 1884 A. erkundet, doch erreichte den Ort erst 1885 Pater Ménager, der Vorgesetzte der apostolischen Präfektur Dahome.

*****Adelaide,** Hauptstadt der brit. Kolonie Südaustralien, zählte 1881 mit den Vorstädten 67 954 E.

Adelaide, schiffbarer Fluß in dem von Südaustralien verwalteten Northern Territory, entsteht aus zwei Quellflüssen und mündet in die Adambai; 1862 von John Mac Donall Stuart entdeckt.

Adelsheim, Stadt im bad. Kreise Mosbach, an der Einmündung der Kirnau in die Seckach, in den südöstl. Ausläufern des Odenwaldes, dem fruchtbaren Baulande, 227 m über dem Meere, Station der Linien Heidelberg-Neckargemünd-Eberbach-Würzburg der Badischen und Jagstfeld-Osterburken (Untere Jagstbahn) der Württembergischen Staatsbahnen, ist Sitz eines Amtsgerichts und eines Bezirksamts, zählt (1880) 1602 zur Hälfte kath., zur andern Hälfte evang. E. und hat Kunstmühlen, Gerbereien, Brauereien, Tuffsteingruben und eine Gipsgrube, deren Ausbeute gemahlen als Dünger zur Verwendung kommt.

*****Aden,** engl. Seestadt im südl. Arabien, zählt (1881) 34711 E.

Adenie (grch.), s. Pseudoleukämie.

*****Aderer,** Adrar, Oase in der westl. Sahara, ist das Ziel einer von der Handelsgeographischen Gesellschaft in Madrid ausgerüsteten und Anfang 1886 von Cadiz aufgebrochenen Expedition, welche dem lebhaften Handel A.s mit Timbuktu und dem obern Senegal nach den neuen Erwerbungen Spaniens an der Westküste der Sahara ein Absatzgebiet eröffnen soll.

Aderfistel, eine bei Pferden und Rindern zuweilen nach einem Aderlaß auftretende Krankheit. Dieselbe beginnt mit einer Entzündung der Drosselvene. Die Ader schwillt an und beim Drücken auf dieselbe fließt aus der Aderlaßwunde eine rötliche, dünneiterige Flüssigkeit aus. Später wird die Anschwellung größer, derber und schmerzhafter, das Blutgefäß erscheint wie ein steinharter, ziemlich dicker Strang verändert, und die Blutcirkulation hat in ihm aufgehört, weil sich ein Hohlraum der Vene ausfüllender, fester Blutpfropf ausgebildet hat. Aus der nicht zuheilenden Aderlaßwunde und aus andern nachgebenden Stellen der Ader entleeren sich Eiter, der flüssig oder eingedickt sein kann, und Blutgerinsel. Der Verlauf ist ein langsamer. Die durch Verunreinigung der Aderlaßwunde entstandene Entzündung der Venenwände verbreitet sich allmählich weiter, bis durch Unwegsamkeit des Gefäßes erhebliche Blutstauungen in den Adern des Kopfes zu Stande kommen, dadurch aber Blutanfüllung im Gehirn, wassersüchtige Anschwellungen des Kopfes, behindertes Kauen u. s. w. entsteht. Infolge der langwierigen Eiterungsprozesse kann auch Säftevergiftung eintreten oder, wenn vom Pfropf in der Vene sich Teile loslösen und in Adern der Lunge eingekeilt werden, Lungenentzündung, die zum Tode führt. Im Anfang des Übels nützen zur Erweiterung der Hautwunde und ein Einspritzen von offizinellem Carbolwasser (2½ Proz.), sowie ein Einreiben der Anschwellung mit Carbolöl (1:15—20) Heilung bringen, später nützt das unter Umständen zu wiederholende Einreiben der Anschwellung mit Scharfsalbe; Radikalhilfe nur durch Unterbindung des Gefäßes ober- und unterhalb der kranken Stelle und durch ein Ausschneiden der kranken Partie zu ermöglichen.

*****Aderno,** Stadt in Sicilien mit (1881) 20160 E.

Adenmösen (grch.), Hautkrankheiten, welche auf angeborener mangelhafter Entwickelung oder erworbenem Schwund des Bindegewebes beruhen.

Adiáphön (grch., d. h. das Unverstimmbare) oder Gabelklavier, ein vom Instrumentenbauer Wilhelm Fischer in Leipzig erfundenes, patentiertes Tasteninstrument von sechs Oktaven, in Gestalt einem Pianino ähnlich. Die Töne werden von Stimmgabeln erzeugt, daher die absolute Stimmbarkeit und Unverstimmbarkeit.

Adjoue, eine Masse von zu Teig gestampften Datteln, die namentlich aus den Häfen des Persischen Meerbusens in Körben zu 5 kg zur Versendung kommt.

Adler, auch Erlis, czech. Orlice, linksseitiger Nebenfluß der Elbe in Böhmen, entsteht oberhalb Tinist aus der Wilden und Stillen Adler und mündet bei Königgrätz. Die Wilde Adler entspringt auf der Südwestseite des glazer Gebirgskessels, umfließt östlich das Adlergebirge (Böhmischer Kamm), wobei sie die Grenze zwischen dem österr. Kronlande Böhmen und der preuß. Provinz Schlesien bildet, und berührt Senftenberg und Kosteletz.

Die Stille Adler hat ihren Ursprung an den süd-
lichsten Ausläufern des Schneebergs, zwischen den
Quellläufen der Glatzer Neisse und March, und berührt auf ihrem Laufe Wichstadtl, Gabel, Geiers-
berg, Wildenschwert, wo links die Trübau einmün-
det, Brandeis und Choten.

*Adlerberg (Wladimir Feodorowitsch, Graf
von), russ. General, starb 20. (8.) März 1884 zu
Petersburg.

Adlerfisch (Sciaena aquila, Tafel: Fische IV,
Fig. 7)', ein zu den Umberfischen (Sciaenidae) ge-
höriger Bewohner des Mittelmeeres, sowie der wär-
mern und gemäßigten Teile des westl. Atlantischen
Oceans, welcher zuweilen eine Länge von 2 m erreicht. Seine Farbe ist grau, auf dem Rücken zu ins
Bräunliche ziehend, am Bauche silberig. Er lebt ge-
sellig und gibt ein tiefes, orgeltonartiges Geräusch
von sich, das man aus einer Tiefe von 20 m noch
deutlich hört. Sein köstliches Fleisch wurde schon
im Altertum sehr geschätzt.

Adler-Kosteletz (Kostelec nad Orlicí), Stadt
im östlichen Böhmen, Bezirkshauptmannschaft Re-
chenau, liegt am Adlerflusse (Orlic), der bei Königgrätz zur Elbe geht, in anmutender Hügellandschaft,
die im Osten und Nordosten durch den Zug des Rie-
sen- und Erlitzgebirges begrenzt ist, ist Station der Linie Chlumetz-Mittelwalde der österreichischen Nord-
westbahn und Sitz eines Bezirksgerichts. Die 3819
(1880) czechischen Bewohner befassen sich neben den
städtischen Gewerben zumeist mit Landwirtschaft;
von gröbern Industrien ist eine Zuckerfabrik und
eine bedeutende Lohgerberei zu nennen. Im Flusse
besteht eine Station für künstliche Lachs- und
Forellenzucht. Unter den Gebäuden ragt das große
im italienischen Stil gebaute Schloß des Grafen
Kinsky hervor, erbaut 1829—35 von dem wiener
Baumeister Heinrich Koch an der Stelle, wo das
1777 niedergebrannte Schloß der Herren von Za-
ruba und noch im 16. Jahrh. die Burg der Herren
von Pottenstein, der ältesten Besitzer des Ortes,
stand. Das Schloß ist von einem schönen Park
umgeben.

*Adlerorden. König Milan von Serbien stif-
tete 4. Febr. (23. Jan.) 1883 einer Weißen Adlerorden.

Admiral (Conus ammiralis), eine Kegelschnecke,
die gegenwärtig immer noch ziemlich selten ist und
je nach der Schönheit bis mit 15 Mark bezahlt wird,
im 18. Jahrh. aber namentlich in den Varietäten
Oberadmiral (C. ammiralis summus) und Orange-
admiral (C. aurisiacus) mit ganz erstaunlichen Sum-
men bezahlt wurde.

*Admiralitätsinseln, zum Bismarck-Archipel
gehörige Inselgruppe des Großen Oceans, Besitz-
tum der Deutschen Neuguinea-Kompagnie, wurde
durch kaiserl. Schutzbrief vom 17. Mai 1885 nebst
den übrigen Besitzungen der genannten Kolonial-
gesellschaft im Bismarck-Archipel und auf Neuguinea
unter den Schutz des Deutschen Reichs gestellt.

Adony, Marktflecken im ungar. Komitat Stuhl-
weißenburg, an der Donau, Dampfschiffahrts-
station und Station der Budapest-Fünfkirchener
Eisenbahn, zählt (1881) 4243 E., meist Magyaren,
und hat Weinbau, Viehzucht und Holzhandel.

*Adorf, Stadt in Sachsen, zählt (1885) 3739 E.

Adra, Stadt (Villa) in der span. Provinz Al-
meria, Distrikt Berja, links an der Mündung des
Rio Grande (arab. Nahr Scheblar) ins Mittel-
ländische Meer, zählt (1877) 11 320 E. und hat

Marmorbrüche, Schmelzhütten für silberhaltiges
Blei, Bau von Reis, Baumwolle und Zuckerrohr,
sowie einen Hafen mit Leuchtfeuer. — A. im Altertum Abdera oder Abdara, wurde von den Phöni-
ziern gegründet, gehörte in der röm. Kaiserzeit der
Provinz Baetica, war während der Gotenherr-
schaft Bischofssitz, hieß in maurischer Zeit Abšara
oder Abšara-el-Koliat und gehörte damals zur Landschaft Begaia.

Adrar, Landschaft in der Sahara, s. Aderer.

*Adria, Stadt in der ital. Provinz Rovigo,
zählt (1881) 11 554, als Gemeinde 15936 E.

Adschanta, auch Adjunta geschrieben, ein
kleiner verfallener Ort in dem Gebiete der Nizam
von Hyderabad in Britisch-Ostindien, liegt an dem
südlichen Abhange des Passes, der über das Gebirge führt, welches die südliche Grenze der Provinz
Candeish bildet. An der nördlichen Abflachung dieses Passes, in der Richtung auf Candeish, führt ein
tiefer Hohlweg in das Innere des Gebirges zu einer
ausgedehnten Gruppe von Höhlentempeln, welche
teils malerisch am meisten vollendeten und am
sorgsamsten ausgeführten von allen ähnlichen Bau-
werken darstellen, die bis dahin irgendwo in Indien
entdeckt und erforscht wurden. Es sind ihrer 27 an
der Zahl, teilweise von großem Umfange und mit
kaum begreiflicher Mühe und Anstrengung aus dem
harten, anstehenden Amygdaloidfelsen, der das Gebirge bildet, ausgehauen. Die innern Wände sind
allenthalben mit in den lebhaftesten Farben pran-
genden, teils auf den Buddhismus beziehenden bild-
lichen Darstellungen, teils Hautreliefs, teils aber
Freskobildern bedeckt. Die einen wie die andern
sind von vollendeter Meisterschaft und namentlich
zeichnen sich die auf ihnen vorkommenden mensch-
lichen, zumal weiblichen Gestalten, durch hohe ästhe-
tische Schönheit aus. Man glaubt, mit aller An-
nahme hat die größte Wahrscheinlichkeit für sich, daß
die prachtvollen Höhlentempel von A. sowohl der
Verehrung von Buddha, als auch der ascetischen
Zurückgezogenheit von der Welt seinen Anbetern
gedient haben.

*Adschmir, indobrit. Gebiet, zählt (1881)
359 288, mit dem Mairwaradistrikt 460 722 E.
Unter den letztern sind 376 029 Hindu, 57 809 Mo-
hammedaner und 2225 Christen. Die Hauptstadt
A. zählt 48 735 E.

A-dur (ital. la maggiore, frz. la majeur, engl.
a major), die Dur-Tonart, bei welcher f, c und g
um einen halben Ton erhöht werden, also drei #
vorgezeichnet sind; die parallele Moll-Tonart ist
Fis-moll. (S. u. Ton und Tonarten, Bd. XV.)

Adventisten, Sekte, gegründet 1833 durch William Müller (geb. 1782 in Massachusetts, gest. 1849),
der in Neuyork das Ende der Welt verkündigte.
Gestützt auf Kap. 8 des Propheten Daniel, rechnete
er den Untergang der Welt auf 1843 aus und als
dieser nicht eintraf, auf 1847. Obgleich die Weis-
sagung sich wieder nicht erfüllte, breitete sich die
Sekte immer weiter aus und zählt gegenwärtig etwa
80000 Mitglieder, deren Hauptorgan der «Advent
Herald» ist.

Von ihnen zweigten sich in neuerer Zeit die
Adventisten vom siebenten Tage ab, die se-
venth day adventists, auch Sabbatarier genannt, die ebenfalls die Wiederkunft Christi bald
erwarten, sie indes aus keinen bestimmten Zeitpunkt fixieren und namentlich an der Feier des
siebenten Tags, des Sonnabends, als des von Gott

gebotenen Feiertags, festhalten. Mit den Baptisten teilen sie ferner die Forderung der Taufe der Erwachsenen und zwar durch Untertauchen. Zugleich bekämpfen sie lebhaft den Gebrauch von Tabak und geistigen Getränken; die Mitglieder der Sekte müssen sich zu vollständiger Temperanz verpflichten. Die Häupter der Gemeinschaft waren James White (gest. 1881) und J. N. Andrews (gest. 1883). Die erste Gemeinde bildete sich 1844 in Washington (Nordamerika); 1861 wurde behufs rühriger Propaganda in Battle Creek (Michigan) ein großes Verlagsgeschäft gegründet, das fast in allen civilisierten Sprachen Zeitungen und Traktate im Sinne und Geiste der Sekte herausgibt und dem 1875 am gleichen Orte ein Kollegium mit jetzt 100 Schülern zur Ausbildung von Predigern zur Seite trat. Gegenwärtig rechnet man in Nordamerika 700 Gemeinden mit 20000 Mitgliedern. In den letzten Jahren haben die A. auch in Europa Boden zu fassen gesucht und namentlich in Basel ein Zweiggeschäft ins Leben gerufen; doch sind die Erfolge unbedeutend und die Zahl ihrer Anhänger in Europa beträgt nach ihrer eigenen Angabe nur etwa 500. Ihr deutsches, in Basel erscheinendes Organ ist der «Herold der Wahrheit», ihr englisches Hauptorgan «The Advent review and Sabbath herald».

Adye (Sir John Millar), brit. General, geb. zu Sevenoaks in der Grafschaft Kent 1819, besuchte die Militärschule zu Woolwich, trat 1836 als Offizier in das königl. Artillerieregiment, nahm am Krimkriege teil, war in Indien während des Belämpfung des Seapoyaufstandes Generaladjutant der Artillerie, dann 1863 im Afghanenkriege und wurde 1875 als Generalmajor zum Gouverneur der Militärschule zu Woolwich ernannt. A. wurde 1881 Generallieutenant, war 1882 Stabschef bei Sir Garnet Wolseley während des ägyptischen Feldzugs und wurde danach Gouverneur von Gibraltar. Er war auch litterarisch thätig und schrieb: «The defence of Cawnpore by the troops under the order of Major-General C. A. Windham in Nov. 1857» (Lond. 1858), «A review of the Crimean war in the winter of 1854 to 1855» (Lond. 1860), «Sitana, a mountain-campaign of the borders of Afghanistan in 1863» (Lond. 1867).

A. E. I. O. U., Abkürzung für Austriae est imperare orbi universo (s. d.).

*****Aelst,** Stadt in der belg. Provinz Ostflandern, zählt (1885) 22431 E.

Aërobien, s. Anaërobien.

Aërobomben, Lufttorpedos, sind Luftballons, deren Sprenggeschosse oder mit Sprengstoffen gefüllte Gefäße über eine feindliche Festung tragen und auf dieselbe niederfallen lassen sollen. Der Gedanke wurde zuerst 1849 vor Venedig von der österr. Belagerungsarmee mit gewöhnlichen Sprengbomben, indes ohne materiellen Erfolg verwirklicht. Die großartigen Fortschritte, welche seit jener Zeit sowol die Luftschiffahrt als die Sprengtechnik gemacht haben, gaben in neuerer Zeit Anlaß, den Gedanken in besserer äußerer Gestalt wieder ins Leben treten zu lassen. In Frankreich existiert ein System Gower, in Amerika hat ein General Russel Thayer einen Dynamitballon hergestellt. Ein deutscher Ingenieur und Aëronaut Georg Rodeck beschäftigt sich seit 1882 mit der Sache und hat elektrische Lufttreibtorpedo-Kolonnen und Lufttreibtorpedos mit Uhrwerkauslösung in Vorschlag gebracht. Bei erstern führt ein Passagierballon vier

Torpedoballons, deren jeder 50—75 kg Nitrat in einem metallenen Kasten trägt, über die Festung, und können durch elektrische Leitung die Sprengkästen gleichzeitig oder nacheinander abgelöst werden. Beim Niederfallen der Kästen und schleudern etwa 100 Dynamitpatronen nach allen Richtungen im Bogen fort. Bei einiger Verläßlichkeit in der Führung der Ballons müssen sie in den belagerten Plätzen damit ungeheuere Verwüstungen anrichten lassen.

Afanasjew (Alexander Nikolajewitsch), russ. Altertumsforscher, geb. 1826 im Gouvernement Woronesch, studierte in Moskau Jurisprudenz und war bis 1861 im Staatsdienst thätig. Hauptsächlich beschäftigte er sich mit der russ. Volksüberlieferung, veranstaltete selbst eine große Sammlung «Russ. Volksmärchen» («Narodnyja russkija sazki», 2. Aufl., 4 Bde., Mosk. 1873) und schrieb «Poetičeskija Vozzrěnija Slavjan na prirodu» (2 Bde., 1866—68), eine Art slaw. Mythologie. Außerdem beschäftigte er sich mit russ. Litteraturgeschichte und Bibliographie. Er starb 1871.

Affenfelle. Die Felle wirklicher Affen werden zu Decken, Muffen, Pelzkragen u. a. verwendet und bilden einen nicht unbedeutenden Handelsartikel. Am beliebtesten sind die grauen A., von den Kürschnern Perlaffen genannt, und die schwarzen A., Scheitelaffen genannt, z. B. des Budeng in Java, der größern schwarzen Affen in Südamerika, einiger Affenarten in Senegal. Fälschlich als A. werden bezeichnet und von Buenos-Ayres eingeführt die Felle der südamerik. Moschus- oder Flußratte (Myopotamus bonariensis).

*****Afghanistan** (Geschichtliches seit 1881). Emir Abd-ur-Rahmán besetze nach dem 22. Sept. 1881 über Ejub Chan vor Kandahar erfochtenen Siege am 30. Sept. Kandahar und bereitete sich zum Marsche nach Herat vor, wohin von Maimene und Balkh her unter Abd-ul-Kudus Chan und Ishak Chan dem Emir ergebene Truppen vorrückten. Diesen zog Ende September der Gouverneur von Herat, Inniab Chan, entgegen, wurde aber bei Schaflan 2. Okt. geschlagen, worauf 4. Okt. auch Herat von den Truppen des Emirs besetzt wurde. Ejub Chan war nun aller Hilfsmittel beraubt und floh nach Persien, wo er interniert wurde, und Emir Abd-ur-Rahmán war Herr von ganz A. Die ind. Regierung zog ihre Truppen hierauf auch aus Tschaman nach Quetta zurück und räumte damit vollständig das afghan. Gebiet. In den nächsten Jahren herrschte in A. verhältnismäßig Ruhe, und es kam nur wegen der Besetzung der Gouverneurposten zu Herat mehrfach zu Streitigkeiten. Die Lage des Emirs wurde indessen durch den polit. Gegensatz zwischen Rußland und Großbritannien immer schwieriger, namentlich als Rußland 31. Jan. 1884 Merw besetzt und die Turkmenen der Steppe seiner Herrschaft unterworfen hatte. Rußland beanspruchte alles Land bis Zulfikar am Heri-Rud, Chaman-i-Baid am Kuschk, Bala-Murghab am Murghab und Karbamant, während diese Landstrich vom Emir als zu A. gehörig erachtet wurde und auch die brit. Regierung denselben A. zuerkannte. Zu Beginn des Jahres 1885 rückten russ. Truppen in das streitige Grenzgebiet ein und schlugen unter General Komarow 30. März bei Taschkepri oder Pul-i-Kuschti am Kuschkflusse 5000 Afghanen unter Naib Salor, worauf sich Pendscheh am linken Ufer des Murghab, 35 km oberhalb von der Kuschkmündung, in Besitz nahmen. Die brit. Regierung hielt Herat für bedroht und begann zu rüsten, doch kam es nicht zum Kriege. Eine gemeinsame Kommission brit. und russ. Offiziere bereiste das Grenzgebiet und steckte die neue Grenze zwischen Rußland und A. bis zum Herbst 1886 ab, wobei Rußland Pendschdeh (s. d., Bd. XII) und fast alles beanspruchte Gebiet erhielt, worauf die brit. Kommissare im Okt. 1886 nach Kabul zurückkehrten. Um diese Zeit brach in A. ein Aufstand aus, angeblich durch den Steuerdruck veranlaßt. Der Ghilzaistamm erhob sich in der Gegend von Ghazni und verband sich mit dem Hazarastamm. Es gelang den Aufständischen, auf der von Kandahar nach Kabul führenden Straße einen für den Schatz des Emirs bestimmten Transport fortzunehmen und die Bedeckung, ein afghan. Regiment, zu schlagen. Herat und einige Punkte im nördlichen A. sind inzwischen mit Hilfe brit. Ingenieure stark befestigt und ausreichend armiert und mit Garnison versehen worden, auch hat die brit. Regierung eine aus dem Industhale durch den Bolanpaß nach Quetta führende Bahn hergestellt und dadurch die Möglichkeit gewonnen, bei spätern Verwickelungen schnell eine beträchtliche Streitmacht nach Kandahar vorzuschieben.

Litteratur. Raverty, «Notes of A. and part of Baluchistan» (Lond. 1881); Walter, «A., its history and our dealings with it» (2 Bde., Lond. 1883—85); Hué, «Les Russes et les Anglais dans l'A.» (Par. 1885); Robenbough, «A. and the Anglo-Russian dispute» (Lond. 1885); Rosloschny, «A. und seine Nachbarländer» (Lpz. 1885).

*Afinger (Bernh.), deutscher Bildhauer, starb 25. Dez. 1882 in Berlin.

*Afragola, Stadt in der ital. Provinz Neapel, zählt (1881) 19419 E.

*Afrika. (Hierzu eine große Übersichtskarte von Afrika.)

I. Entdeckungs- und Forschungsreisen.
Marokko wurde in seinem nordöstl. Teile 1879—80 auf bisher unbetretenem Wege von Fes über Thesa (Tsehsa) bis Udschda (Udjda) durch Colville bereist, welcher eine genaue Karte dieser Route entwarf. De Castries lieferte eine reichhaltige Karte des Wadi Draa und brachte über die Oase Figig eingehende Mitteilungen, während die Reise der engl. Gesandtschaft an den marokkan. Hof im J. 1880 unter Sir John Drummond Hay durch Trotter beschrieben wurde. Astron. Ortsbestimmungen, Höhenmessungen und Routenaufnahmen in großer Zahl machte de Foucauld auf seiner Durchkreuzung Marokkos; dieser Reisende ging von Meknes (Mknasa) durch bisher unbetretene Gebiete nach der Provinz Tafilelt am obern Ummer-Rebia, überstieg den großen Atlas auf dem Paß El-Glaui östlich von der Reichshauptstadt Marokko; nach längerm Verweilen in den bisher unbekannten großen Oasen Tissint, Tatta und Akka und einem Vorstoß zum Wadi Draa überschritt er auf dem Passe von Iberkal den Anti-Atlas und erreichte über Masten (Tesen) und Agadir die Atlantische Küste und Mogador; von Agadir ging de Foucauld über Tarudant das Wadi Sus hinauf und über Tissint nach Tasanudit, welche beiden Oasen schon bei der Herreise gekreuzt worden waren, kreuzte das obere Wadi Draa bei Mesghita, stieg nach Überschreitung des Atlaspasses Nejala (Nasla) ins Wadi Muluja hinunter, dem er bis Reschida folgte, und kehrte über Udschda (Udjda) nach Oran zurück. Über die sozialen Zustände des

Landes berichtete Schaudt, welcher von Sela (Sla) über Thesa nach Udschda gegangen war, die Oasen Figig und Tafilet berührt hatte und über Uttad zurückgekehrt war; den Nordwesten Marokkos zwischen Meknes, Tanger und Rabat besuchte Bonelli. Über die Hafenstadt El-Araisch (Larache) schrieb der span. Konsul de Cuevas; Sabatier berichtet über den östlich von der Hauptstadt Marokko wohnenden Stamm der Tissa. Desfournour reiste durch das Sultanat Marokko von Fes zur Oase Figig, durchwanderte die Sahara Algeriens und resümierte über Tebessa die tunes. Stadt Kairuan. Von Marokko aus trat Lenz Ende 1879 seine Reise durch die westl. Sahara nach Timbuktu an, welches er 1. Juli 1880 erreichte.

In Algerien wurde der Süden des Depart. Algier von Foureau und Kapitän Bernard bereist. Die Generalstabsaufnahme dieser franz. Kolonie schreitet schnell vorwärts; Langlois gab eine Spezialkarte des Depart. Oran heraus, während die Geologie des Depart. Oran und Algier durch Pomel und Pouyanne, die Konstantines durch J. Tissot zur Darstellung gelangte. Der Plan, Algerien einerseits mit dem unter franz. Einfluß stehenden obern Niger und Senegambien, andererseits durch eine die Sahara kreuzende Eisenbahn zu verbinden, veranlaßte Frankreich im J. 1880, zwei Expeditionen unter dem Oberstlieutenant Flatters zur genauern Untersuchung des Tuaregslandes auszurüsten; März bis Mai 1880 war Flatters auf seiner ersten Forschungsreise von Wargla über Temassinin (Sauja Temassinin) bis zum Plateau Tasili vorgedrungen; doch wurde auf der zweiten Expedition Flatters nebst den meisten seiner Gefährten an der Nordgrenze von Air oder Asben bei einem Überfall durch die verräterischen Eingeborenen niedergemacht (16. Febr. 1881). Die im J. 1884 erfolgte amtliche Veröffentlichung auf diese beiden Expeditionen bezüglichen Dokumente hat in topogr. und geolog. Beziehung die Kenntnis der nördl. Tuaregsgebiete wesentlich erweitert.

In Tunis hat die Occupation der Regentschaft durch die Franzosen die unter General Perriers Leitung rüstig fortschreitende Aufnahme und Veröffentlichung der Generalstabskarte des Landes in 1:200000 zur Folge gehabt; zahlreich sind hier auch die archäolog. Entdeckungen und Forschungen durch Poinssot, de Blanchère, Ch. Tissot, Vortsch u. a. Die physische Geographie des Schottgebiets im SO. Algeriens und im S. von Tunis bis zum Golf von Gabes ward durch die beiden Reisen des Kapitäns Roudaire 1876 und 1878—79 völlig klar gestellt.

Die Kenntnis von Tripolis, Fessan, Tibesti und der Länder um den Tsadsee bereicherten die 1879 und 1881 veröffentlichten beiden Bände von Nachtigals Reisewerk «Sahara und Sudan». Eine gründliche Studie über den von Marokko bis Mesopotamien verbreiteten mohammed. Snussiorden veröffentlichte 1884 Duveyrier; nach diesem hat die erwähnte Sekte ihre meisten Anhänger in Fessan, Barka, Kufra und in der östl. Sahara.

Das Plateau von Barka, Djebel el-Achdar, wurde 1881 von zwei ital. Expeditionen im Auftrage der mailänder Gesellschaft für Handelsinteressen und für die Erforschung Afrikas bereist: Camperio und Mamoli gingen von Benghasi nach Derna und zurück, wogegen Haimann und Pastore eine etwas südlichere Route wählten. Dabei wurde festgestellt, daß das Kalksteinplateau fast überall mit reichlicher roter Erde bedeckt ist, doch fanden sich außer

Benghasi, Derna und Merbj keine bedeutenden stets bewohnten Ortschaften. In botan. Beziehung wurde die Küste der alten Cyrenaica um Benghasi durch Ruhmer, bei Marsa Tobruk (Mirsa Tobruk) durch Schweinfurth erforscht.

In Ägypten ist nur die seit 1877 durch Schweinfurth betriebene Erforschung des Porphyrgebirges der östlich vom Nil sich ausdehnenden Arabischen Wüste zu erwähnen.

Hinsichtlich der obern Nilländer sind zunächst zu nennen die genauern, 1877—80 erschienenen Berichte über die Reisen und Aufnahmen ägypt. Generalstabsoffiziere in Kordofan und Darfur und die von Ensor 1881—82 ausgeführten Vermessungen zwischen dem obern Nil und El-Fascher, der Hauptstadt von Darfur. Dar-Nuba wurde durch den ital. Missionar Comboni näher bekannt. Die erste Durchquerung N.s von Kordofan aus über Darfur, Wadai, Bornu (Kuka), Sokoto (Kano, Saria) und Eggan am Niger zum Golf von Guinea führten 1880 die Italiener Matteucci und Massari aus. Im J. 1881 erforschte Schuver von Fadasi aus die Quellgebiete des Jabus, der links vom Blauen Nil, und des Jal oder Chor-el-Abar (im Oberlaufe Jawasch), der rechts zum Bahr-el-Abiad oder Weißen Nil geht, sowie das Gebiet des Gallastammes Walega, 1882 die Gegend östlich von Famala am Bahr-el-Asrak bis zur abessin. Grenze, wobei der rechts zum Blauen Nil gehende Zießen entdeckt und der Bahr-el-Asrak eine weite Strecke aufwärts genauer erkundet wurde. Über den Weißen Nil und die Denka veröffentlichte 1881 der greise Afrikamissionar Beltrame ein Werk. Der Bahr-el-Djebel, der Bahr-es-Seraf (el-Sarafe) und der untere Bahr-el-Gasal nebst den anliegenden sumpfigen Niederungen dieser Ströme wurden durch Marno aufgenommen. Lupton, der Gouverneur des ägypt. Bahr-el-Gasal, nahm die Flußläufe desselben genauer auf und drang 1883 durch Dar-Banda bis zum Uelle (Welle, Kuta) bei Barusso vor. Schnitzler, 1878 unter dem Namen Emin Bei zum Gouverneur der ägypt. Aquatorialprovinzen ernannt, durch den Aufstand des Mahdi aber gänzlich von Ägypten abgeschnitten, hat seit 1876 in dem ihm später unterstellten Gebiete durch zahlreiche Kreuz- und Querzüge meist von Ladô aus erforscht, indem er es sich namentlich angelegen sein ließ, die Lücken in dem Routennetz von Schweinfurth, Junker, Felkin und andern Forschern auszufüllen; hervorzuheben sind besonders Schnitzlers Expeditionen östlich vom obern Weißen Nil im J. 1881. Junker bereiste die Länder der Niam-Niam und Mangbáttu (Schweinfurths Mombuttu), wobei er Mitte 1882 den Népoto erreichte, welchen Fluß Junker für den Aruwimi Stanleys hält. Der Italiener Casati, welcher im Mangbáttulande ebenfalls noch unerforschte Gebiete bereist hatte, sowie Junker, befanden sich seit 1884 bei Emin Bei in Ladô, durch die Unruhen im Sudan nach Norden abgeschnitten; Junker ist es zwar gelungen, Ende 1886 die Ostküste des Erdteils bei Zanzibar zu erreichen und dann zurückzukehren, Emin Bei soll jedoch durch eine von Stanley Anfang 1887 organisierte Expedition aus seiner bedrängten Lage befreit werden. Bohndorff drang westlich über Dar-Banda nach Dar-Runga vor. Felkin und der Missionar Wilson führten 1879 ihre Rückreise über Rubaga in Uganda über Ladô, Rumbehl, Dem Suleiman in Dar-Fertit, Darra und Om Schanga in Darfur, El Obeid und Chartum

nach Ägypten aus; eine Frucht dieser Reise war Felkins ethnogr. Schilderung der Moru oder Madi am Oberlaufe des Jei. Buchta brachte eine große Anzahl Photographien aus den obern Nilländern heim, welche Landschaften, Vegetations- und Rassentypen zum Gegenstande haben. Baron J. von Müller machte eine Reise von Massaua aus durch die Länder der Habab und Beni Amer nach Kassala. Kapitän Gascoigne nahm 1882 den obern Chor-Barala auf. Die Routenaufnahmen von F. L. James und Menges in den Landschaften dem Chor-Barala und Chor-el-Gasch (in Abessinien Mareb) ermöglichten es, den letztern auf seinem ganzen Mittellaufe zusammenhängend darzustellen. Graf Pennazzi und Godio bereisten das Gebiet zwischen den Atbara, Chor-el-Gasch und den Westgrenze Abessiniens. Seit dem Aufstand des Mahdi (1883) haben alle Forschungsreisen im ehemaligen ägypt. Sudan aufgehört, doch hat dieses Ereignis die Veranlassung gegeben, das statistische und topogr. Material über dieses große Gebiet zu sammeln und zu sichten, was am vollständigsten in «Report on the Egyptian provinces of the Sudan, Red Sea and Equator compiled by the intelligence branch of the war office» (2. Aufl., Lond. 1884) geschehen ist.

In Abessinien wurde das Quellgebiet des Barala im Lande der Tembela von Gascoigne und Melladero bereist. Im J. 1879 ging aus Italien eine von der mailänder Handelsgeographischen Gesellschaft ausgerüstete Expedition unter Bianchi und Matteucci nach Abessinien ab, welche bis Obo vordrang und Cecchi aus der Gefangenschaft befreite; 1884 versuchte Bianchi von Makale aus auf geradem Wege nach Assab am Roten Meere zu gelangen, wurde jedoch beim zweiten Versuche mit seinen Begleitern von den Danakil ermordet (Okt. 1884). Stecker, welcher als Begleiter Rohlfs' im Dez. 1880 nach Abessinien gekommen und von diesem dort zurückgelassen worden war, lieferte 1881 die erste genaue Aufnahme des Tanasees und erforschte mehrere namentlich im SO. und S. des Reichs gelegene Länder, welche nur selten oder noch gar nicht von Europäern bereist worden waren. In Schoa und den nach SW. angrenzenden Gallaländern Limmu, Ghera, Kaffa u. s. w. ist seit dem Frühjahr 1876 die ital. Expedition unter dem am 26. Aug. 1882 zu Let-Marefã nördlich von Ankober verstorbenen Marchese Antinori thätig gewesen, dem anfänglich der Ende Febr. 1881 nach Zeila zurückgekehrte Martini und der am 5. Okt. 1879 im Lande Ghera gestorbene Chiarini zur Seite standen, zu benen sich 1877 Cecchi und 1879 Graf Antonelli gesellten; letzterer hat zwischen Assab und Schoa über Aussa und den Hawasch aufwärts den Karawanenverkehr in Gang gebracht. Auch der franz. Reisende Soleillet besuchte 1882 Schoa, Dschimma, Limmu, Gomma, Ghera und Kaffa.

Die von den Demhoita (Dumhoita) bewohnte Küstenlandschaft zwischen der Bai Hamfilah und Eb am Roten Meere wurde durch den Grafen W. von Zichy bekannter, während die von den Italienern besetzte Umgegend der Assab-Bai von diesem Teile der Danakilküste treffliche kartographische Aufnahmen hervorrief. Giulietti, welcher 1879 von Zeila aus die Handelsstadt Harâr erreicht hat und hierauf von Beilul ausgezogen war, um den Golimafluß (Gualima) zu erforschen, wurde im Mai 1881 von den Danakil ermordet. Auch der bereits oben erwähnte Baron J. von Müller und Hunter, der brit. Resident zu Aden, haben Harär besucht und Stadt und Landschaft eingehend geschildert. Paulitschke reiste 1885 von Zeila nach Harär und Bubassa und bewirkte höchst sorgfältige Positionsbestimmungen, z. B. von Harär. In demselben Jahre ging Major Heath von Harär nach Berbera.

Das Somaliland bereiste Révoil im Winter 1878—79 längs der Küste der Midjerten (Midjartehn) bis fast zum Vorgebirge Guardafui (Girdif), doch gelang es ihm erst 1881 und 1882 in das Binnengebiet der Midjerten, der War-Sangeli und Dolbahanta bis zu den Karlarbergen vorzudringen. Einen dritten Versuch, in das Innere des Somalilandes einzudringen, machte Révoil von Maldischu (Mogdischu) aus, vermochte indes nur wenig über Geledi (Dilledi, Zilledi) am Webi-Doboi hinauszugelangen. Der schon genannte Menges fand im J. 1884 auf zwei von Berbera aus unternommenen Ausflügen das von den Habr Aual bewohnte Gebiet südlich bis zum Gebirge Goliß und dem westlich an dasselbe stoßenden Berggug Gan Libach erforscht. Sacconi, welcher 1883 tiefer in das Land der Ogaden eindrang, wurde dort ermordet. W. D. James und Aylmer drangen 1885 von Berbera aus bis an den Webi vor, machten treffliche Routenaufnahmen und zogen zahlreiche Erkundigungen ein.

Was die Zanzibarküste und Ostafrika bis zu den großen Binnenseen westlich betrifft, so haben den Gebrüder Denhardt, welche 1885 Deutsch-Witu erwarben, den untern Tanafluß erforscht und das obere Gebiet desselben bis zum Kenia hin erkundet. Wakefield wanderte von Mombas aus nach Norden zum untern Sabaki. Ebenfalls von Mombas aus machte Gissing, brit. Konsul daselbst, einen Ausflug westlich zum Abara- und Kasigaoberge. G. A. Fischer ging von Pangani den Rufu flußaufwärts, umging am Westseite den Kilima-Ndscharo, drang im Lande der Massai bis über den Naiwaschasee hinaus vor und nahm seinen Rückweg längs des Ostufers unter 36° östl. L. von Greenwich verlaufenden Bergkette, wobei er auf einen großen Natronsee, sowie auf den 2150 m sich erhebenden thätigen Vulkan Dönjo Ngai traf. J. Thomson, welcher 1879—80 von Zanzibar aus den Nyassa und Tanganjika besucht hatte, erreichte von Mombas aus den nordöstl. Fuß des Kilima-Ndscharo, durchzog 1883—84 in nördl. Richtung das ganze Massailand, machte vom Naiwaschasee östlich über das Aberdaregebirge einen Abstecher zum Kenia und wandte sich am Baringosee westlich nach Kavirondo, einem Lande an der Nordostecke des Victoria-Nyanza, und den Rückweg brachte Thomson durch Ulu und Kikumbuin. H. H. Johnston, der 1884 den Kilima-Ndscharo bis zu einer Höhe von 4973 m erstieg, erforschte diesen Bergdistrikt in umfassender Weise. Das jetzt deutsche Schutzgebiet Usambara ist in seinem südöstl. Teile durch den Missionar Farler von der Station Magila aus, sowie durch Keith Johnstone (gest. 28. Juni 1879 zu Behobeho in Khutu) und J. Thomson näher bekannt geworden. Die zwischen der Zanzibarküste und dem Tanganjikasee gelegenen Länder, welche sich in ihrem östl. Teile seit 1885 im Besitz der Deutsch-Ostafrikanischen Gesellschaft befinden, sind seit 1878 das vielbegangene Durchzugsgebiet mehrerer Expeditionen der 1876 von König Leopold II. begründeten Internationalen Afrikanischen Association gewesen. Diese von Zanzibar ausgehenden Expeditionen hatten die Aufgabe, Stationen zu er-

richten, welche sowohl Stützpunkte für Forschungsreisende sein, als auch Mittelpunkte für Kultur, Handel und Verkehr werden sollten. Die erste von der eben genannten Association angelegte Station befindet sich zu Karema am östl. Ufer des Tanganjika, in welchem Orte Cambier am 12. Aug. 1879 eintraf. Auch die Deutsche Afrikanische Gesellschaft sandte 1880 ihre erste Expedition aus, um in Ostafrika die erste Station zu gründen; der Leiter dieses Unternehmens war von Schöler, dem der Astronom Kaiser, der Zoolog Böhm und Reichard beigegeben waren. Die Anlage der geplanten Station erfolgte Ende November 1880 zu Kakoma unfern der südwestl. Grenze Unjamwesis auf dem Wege von Tabora nach dem Tanganjikasee; doch schon im Juli 1881 erfolgte die Verlegung dieser Station nach Igonda, etwa halbwegs zwischen Tabora und Kakoma. Von hier aus ist besonders die Erforschung der linksseitigen Zuflüsse des Malagarasi in Angriff genommen worden. Zu gleicher Zeit begannen auch die Missionsgesellschaften, namentlich die englischen, sich eifrig der geographischen Aufhellung dieser Striche des dunkeln Erdteils zuzuwenden. Hore, das wissenschaftliche Mitglied der von der London Missionary-Society ausgesandten Expedition, schritt zur Aufnahme des Tanganjikasees, der besten und genauesten, welche bisher erfolgt ist, und wies nach, daß der Lukuga der westl. Abfluß des Tanganjika ist, wie bereits Cameron behauptet hatte. Diese Untersuchungen führte Hore von der von Ubschidschi nach Plymouth Rock bei Mtowa verpflanzten Missionsstation der londoner Gesellschaft aus.

Im J. 1879 brach eine auf Kosten der londoner Geographischen Gesellschaft ausgerüstete Expedition von Zanzibar nach dem Innern auf, deren Führung nach dem zu Behobeho erfolgten Tode Keith Johnstones der Geolog Joseph Thomson übernahm, der die Tafellandschaften von Uhehe und Ubena überschritt, über das Kondegebirge zum Nordende des Nyassasees hinabzieu, das Südende des Tanganjika in Pambete erreichte, längs der gebirgigen Westküste dieses großen Sees vordrang, dem Lukuga westlich ein großes Stück hinabschiffte und bis Majombo in Urua zur Umkehr gezwungen wurde; auf der Rückreise entdeckte Thomson den östlich vom Südende des Tanganjika liegenden kleinern See Rikwa (Hikwa, Likwa), den er Lake Leopold benannte, und traf Ende Juli 1880 wieder in Zanzibar ein. In Pambete am Südende des Tanganjika traf mit Thomson der Ingenieur Stewart von der Station Livingstonia am Nyassa zusammen, welcher von der schott. Free-Church-Mission mit der Herstellung einer Fahrstraße zwischen der Nordwestecke des Nyassa und der Südostecke des Tanganjika beauftragt war; Stewart hat das große Verdienst, in den J. 1877—83 die Uferlandschaften des Nyassa erforscht und eine genaue Aufnahme dieses großen afrik. Binnensees ausgeführt zu haben. Im J. 1883 ging der Schiffsfähnrich Giraud von Zanzibar über Dar-es-Salaam durch Khutu, Uhehe, Ubena und Uschungu zum Tschambesi und diesen, den Fluß aufnehmenden Bangweolo- oder Bembasee, befuhr den letztern, sowie bis zu den Mombottutafällen den Luapula, dessen Ausfluß aus dem Bangweolo er an einer andern Stelle, als Livingstone angegeben hatte, wandte sich nördlich zum Moero-Diata oder Merusee; sein Plan, vom Tanganjika zum Congo zu gehen, zerschlug sich indessen, weshalb er über den Njaffa nach Quelimane an die Küste zurückkehrte. Der engl. Missionar Mackay hat die Kenntnis der Süd- und Westküsten des Victoria-Nyanza etwas vermehrt.

Das deutsche Schutzgebiet Nguru bereisten: von der Missionsstation Mamboia (in Useja) aus Last, von der Station Mhonda aus die franz. Missionare Machon und Picarda (1884). Der gegenüber der Insel Mafia mündende Rufidschi (Luhidschi) wurde 1881 durch Beardall erforscht und zur Schiffahrt wenig geeignet befunden. Von Mpuapua (Mpwapwa) aus unternahmen die Glaubensboten Price und Barter eine Reise durch Uhehe zum obern Ruaha, dem nördl. Quellfluß des Rufidschi.

In dem zwischen der Küste Mozambique, dem Flusse Rovuma (Grenze zwischen Deutsch-Ostafrika und den unter portug. Einfluß stehenden Gebieten) drang Maples 1881 von Masasi südlich bis Meto vor und wanderte dann östlich in gerader Richtung zur portug. Küste. In demselben Jahre nahm Joseph Thomson den Rovuma und den Unterlauf des Ludschenda auf, des bedeutendsten rechtseitigen Nebenflusses des Rovuma. W. P. Johnson, längere Zeit Vorstand der Universities-Missionsstation Mwembe, erforschte die obern Flußläufe von Rovuma und Ludschenda, sowie das Lutschulingothal, nachdem er die östl. Uferlandschaften des Njaffa bereist hatte, ging er westlich am Schirwa- oder Kilwasee vorüber nach Quelimane. Den Schirwasee besonders studierte Drummond. Der engl. Konsul O'Neill ging von Mozambique westlich durch Lomwe, berührte die Quellflüsse des Luli oder Lurio und Licungo, die zum Indischen Ocean gehen, und legte den Ursprung des Ludschenda klar, der nicht dem Schirwa, sondern dem Tschuiasee entspringt. Auch veröffentlichte O'Neill interessante Mitteilungen über die portug. Häfen zwischen Kap Delgado und Quelimane.

Das unter portug. Herrschaft stehende Gebiet des untern Zambesi hat reiche Mineralschätze aufzuweisen, zu deren Ausbeutung sich eine Gesellschaft bildete unter dem Vorsitz des Kapitäns Paiva d'Andrada, welcher mehrere mineralog. Exkursionen leitete, die ihre Ausgangspunkte in Senna und Tete hatten und sich das Goldfeld von Manica, den Fluß Mozoe, einen rechtseitigen Tributär des Zambesi, und die Berge von Maschinga im Norden von Tete als Ziel setzten. Alfonso de Moraes Sarmento machte zahlreiche Aufnahmen am untern Zambesi und Schire (1877—80). Kuß gab 1884 eine geolog. Skizze des von ihm erforschten untern Zambesi, Guyot zu derselben Zeit Karte und Beschreibung der östl. Umgegend von Tete. Holub befuhr innerhalb des Reichs der Barotse und Mambunda den Zambesi aufwärts von den Victoriafällen bis zum Kambwelatarakt. Der auf dieser Strede dem Zambesi rechts zufließende Tschobe wurde in seinem untern Laufe von Bradshaw erforscht. Selous klärte die merkwürdigen hydrographischen Verhältnisse zwischen dem Tschobe und Zuga auf und bereiste die Landschaften zu beiden Seiten des mittlern Zambesi, wobei er im Nordwesten bis zu Satinbas Kraal in der von ihm benannten Landschaft Manica gelangte; auch im nordöstl. Teile des Matebele-Reichs erschloß er die Gebiete der Banaji und Maschona mehr und mehr der geogr. Wissenschaft. Dieses Reich wurde auch von dem Missionar Coillard und dem Jäger Oates durchzogen. Eine seit 1879 in Südafrika thätige Jesuitenmission hatte unter ihren Mitgliedern Pater Law, einen sorgsamen Beobachter, welcher auf dem Wege von Driefontein (Transvaal) nach Gubulumayo in sonst völlig unbetretenen Landstrichen im Matebele-Reich eine Reihe astronom. Breiten bestimmte, aber schon 1881 in Umslas Kraal starb. Der Kapitän Phipson-Wybrants, welcher eine 1880 aufbrechende trefflich ausgerüstete Expedition in Umslas Reich leitete, nahm den Unterlauf des Sabi auf, starb aber schon im Febr. 1881. Eine portug. Expedition unter Cardozo und Franco ging 1882 von Inhambane zu Umsila, fand jedoch dort geringes Entgegenkommen, sodaß über Sofala der Rückweg angetreten werden mußte. Basutoland und Ost-Griqualand durchzog der Missionar Jacottet auf einer Reise von der Station Morija nach Basutoland nach Matatiele und Babalong im Ost-Griqualande; das Malutigebirge zieht in fünf bis zu 4000 m aufsteigenden Parallelketten von NO. nach SW.; der Quellauf des Oranje fließt in südöstl. Richtung.

Zu gleicher Zeit (1884) haben Anderson und Merensky ihre Spezialkarten von Südafrika veröffentlicht; ersterer hat 16 Jahre hindurch in dem von ihm dargestellten Gebiet Höhenmessungen vorgenommen und Aufnahmen gemacht. Die Diamantfelder der brit. Provinz Griqua-Land-West beschrieb 1883 Cohen. Über die nordwestlich von dieser Provinz im brit. Schutzgebiet der West-Betschuanen wohnenden Stämme der Batlaru und Barolong gab Harrel eingehende Nachrichten. Der Amerikaner G. A. Farini durchzog 1885 die Kalahariwüste bis zum Ngamisee und erforschte zum ersten mal die Wasserfallregion im Mittellauf des Oranjeflusses. Auch die Reise Montagu Kerrs (1884) vom Kap der Guten Hoffnung über den Zambesi und über Tete zum Njaffa lieferte auf dem nördlichsten Teile Neues.

Von den seit 1884 deutschen Gebieten der Westküste von Südafrika wurde das üppig bewachsene Flußbetten aufweisende Land Kaoko von den rhein. Missionaren Böhm und Bernsmann bereist, welche fast bis zum Cunene vordrangen. Die Mündung des Cunene, welcher seit Ende 1886 nach einem mit Portugal geschlossenen Vertrage die Nordgrenze der deutschen Gebiete bildet, wurde 1879 von einer portug. Kommission aufgenommen. Über das Damara- und die Natur sehr begünstigte Ovampoland (Ovamboland) brachte der seit 1878 dort thätige Missionar Duparquet topogr. und statist. Nachrichten, namentlich über den wasserreichen Olavango. Das Gebiet der Herero beschrieb Büttner, Groß-Ramaland Olpp; beide Autoren sind ehemals dort als Missionare thätig gewesen; Belk schilderte den Weg von Angra Pequena nach Bethanien. Das ganze Damaraland durchzog Höpfner auf seiner Reise von Mossamedes über den von Boers bevölkerten Ort Humpata und das Ovampoland nach der Walfischbai, Humpata wurde auch vom Carl of Mayo und von Dankelman besucht. Dufour erforschte 1878—81 das nördlich an Ovampoland grenzende Amboellagebiet, ward aber auf der Rückkehr zur Küste ermordet.

Auf dem nördl. Ufer des Congo erbaute Stanley seit Ende 1879 im Auftrag des Königs Leopold II. eine Fahrstraße, welche von dem neubegründeten Station Vivi aus, unterhalb des Jellalafalles, des letzten aller Schiffahrtshindernisse auf dem Congo, die bedeutendern Wasserfälle und Stromschnellen umgeht und den Schiffsverkehr auf dem untern und obern Strome miteinander in Verbindung setzt. Ferner legte Stanley die Stationen Leopoldville am linken Ufer des Stanley-Pool und Kwamouth an der Mündung des Kwa (Quango) an, befuhr mittels des ersten auf den Congo gebrachten Dampfers aufwärts diesen Strom, sowie den Kwa und den Mfini, entdeckte 1882 den von ihm so genannten See Leopolds II., dem der Mfini entfließt, umschiffte diesen See, veranstaltete die Aufnahme desselben und kehrte im Herbst 1882 nach Europa zurück. Im Spätsommer 1883 trat Stanley eine neue große Reise auf dem Congo stromaufwärts an, welche er bis zu den Stanleyfällen ausdehnte, wo die Fallstation gegründet wurde. Bei dieser Unternehmung wurde ein besonderes Augenmerk auch auf die Zuflüsse des obern Congo gerichtet, von denen der Aruwimi bis zu den das Weiterkahren verhindernden Stromschnellen unter 2° 13′ nördl. Br. verfolgt wurde, welchen Fluß Stanley für den Itelle Schweinfurths hielt. Die Baptistenmissionare Bentley und Crudgington waren die ersten, welche den Stanley-Pool auf dem Umwege durch das Land der Basundi erreichten. Von engl. Reisenden befuhr der Botaniker H. H. Johnston den Strom bis Bolobo, Goldmid bis Fangila, Morgan bis zum Stanley-Pool; Pechuel-Loesche untersuchte den im ganzen äquatorialen Afrika verbreiteten Lateritboden auf seine Eigenschaften hin. Auch Chavanne war im Auftrag der Internationalen Association am Congo thätig. Von Danckelman stellte in Vivi ein Jahr hindurch meteorologische Beobachtungen an. Comber führte eine Aufnahme des Stanley-Pool aus; der Dampfer der Missionare auf dem Stanley-Pool verfolgte den Quango von der Mfini (Wabuma-) Mündung an fünf Tagereisen stromaufwärts. Stanleys Fahrt bis zur Fallstation wiederholte 1884 Kapitän Hanssens, welcher von den rechtseitigen Congozuflüssen den Mongala untersuchte, sowie den Rgingiri (Stanleys Itimbiri) 75 km aufwärts befuhr. Ebenso widmete sich Grenfell der Untersuchung der Nebenflüsse des Congo und ging unter anderm 1885 den Ubanschi und den Rgingiri bis zu den Lubifällen stromauf, von ihm Francois u. a. begleitet, entdeckte 1885 Unterlauf und Mündung des Kassai und machte wichtige Ausflüge in bisher unbekannte Gebiete, so nach Muata Kumbana und Mona Tenda in Lunda, sowie nach Kapuka und Ibanschi im Congostaat. Der preuß. Major von Mechow ging im Juni 1880 von Malansche den Cambo hinab, einen linken Nebenfluß des Quango, brachte auf den letztern ein zerlegbares Boot und fuhr mit diesem den Quango abwärts bis zu 5° südl. Br., wo die Steinbarre Kingunschi ihn im Okt. zur Rückkehr nötigte, welche längs des rechten Ufers aufwärts über Muata Muëne Puto Kassongo erfolgte, woselbst 1885 auch L. Wolf weilte. Den untern Quango erkundeten 1884—85 Massari und Büttner. Der Missionar Fay reiste 1881 von Benguella nach Bihé, berichtigte und bereicherte Camerons Aufnahmen und nahm genaue Höhenmessungen vor. Ivens und Brito Capello erforschten 1877—79 von Bihé aus das Quellgebiet des Quanza, des rechts zum Quanza gehenden Loando, des Quango, Kassai und Tschikapa, sowie das Flußgebiet des Quango abwärts bis zu 6° 30′ südl. Br., wobei der 50 m hoch herabstürzende Quangofall Caparanga (Luisa), südöstlich von Kassandje, entdeckt wurde. Von Malansche aus, dem Ausgangspunkte für die Unternehmungen der Deutschen

Afrikanischen Gesellschaft, durchzogen 1878—79 Schütt, 1879—81 Buchner das Lundareich; Buchners astron. Ortsbestimmungen zeichnen sich durch große Zuverlässigkeit aus. Während der Jahre 1881—82 erfolgte unter diesen Breitengraden die berühmte Durchkreuzung von A. durch Pogge (Bd. XIII, S. 106) und Wißmann (Bd. XVI, S. 704), welche letzterer völlig durchführte, während ersterer zu Rjangwe nach Mukenge und von da nach Loanda zurückkehrte. Zu Mukenge verweilte Pogge Ende Juli 1882 bis Anfang Nov. 1883 und legte daselbst eine deutsche Station an. Böhm und Reichard erforschten, von Mpala am Tanganjika ausgehend, 1883—84 das Quellgebiet des Luapula und Lualaba; Böhm starb südlich vom Upambasee. Schütt, Buchner, Pogge, Wißmann, Böhm und Reichard haben das Flußnetz des südl. Congobeckens in großen Zügen festgestellt.

In neuester Zeit erfolgten im S. und N. des Congogebiets von W. nach O. drei Durchquerungen des Kontinents, und zwar 1881—82 durch Wißmann (s. d.) von Loanda über Rjangwe nach Zanzibar, 1884—85 durch Capello (s. d.) und Ivens von Mossamedes über das Amboellaland, das Gebiet des obern Luapula, das Land zwischen dem Bangweolosee und dem Zambesi bei Sumbo nach Quelimane, sowie 1885—86 durch Lenz (s. d.) den Congo aufwärts bis Rjangwe und von dort aus nach Zanzibar.

Die Kenntnis der Loangoküste wurde wesentlich bereichert durch das von Güßfeldt, Falkenstein und Pechuel-Loesche 1879—82 herausgegebene offizielle Quellenwerk über die 1873—76 ausgeführte deutsche Loango-Expedition. Savorgnan de Brazza, welcher auf seinen Forschungsreisen im Gebiet des Ogowe und auf dem rechten Ufer des Congo in Westäquatorial-Afrika für Frankreich ein neues Kolonialreich gewann, entdeckte 1877 die Alima, 1878 die Licona, zwei Nebenflüsse des Congo, gründete die Stationen Franceville am Passa (Juni 1880), Brazzaville am Stanley-Pool (1. Okt. 1880) und Poste d'Alima (1881) und berührte auf seiner Rückreise nach Europa den Quellauf des Ogowe, sowie das Flußgebiet des Kuilu. Der Ogowe wurde bis Samlita von Duboc, weiter aufwärts bis zur Mündung des Colo von Dutreuil de Rhins aufgenommen; der Missionar Bichet, welcher vom Gabun aus den Rembos hinauf zum Ogowe ging, erforschte den vom rechts gespeisten Asingobach. Das Flußgebiet des Kuilu-Riadi, welches durch den zwischen der Französischen Republik und der Association Internationale du Congo am 5. Febr. 1885 zu Paris abgeschlossenen Vertrag gänzlich an Frankreich gekommen ist, erkundeten näher Grant Elliot, welcher die Stationen Stanley-Riadi und Stéphanieville der Internationalen Afrikanischen Association gründete, ferner die Franzosen Dolisie und Mizon; Dolisie reiste auf dem kürzesten Wege von Loango über Stéphanieville und Philippeville nach Brazzaville, Mizon 1883 vom obern Ogowe nach Kontuati an der Küste, wobei er viele rechtseitige Nebenflüsse des Kuilu kreuzte. Ballay nahm 1883 die Alima auf.

Das seit 1884 unter dem Schutze des Deutschen Reichs stehende Gebiet Kamerun ist durch die Reisen von Rogozinski, Tomczek, Zöller und Bernhard Schwarz, sowie durch die Arbeiten von Reichenow, Woermann und Hoffmann bekannter geworden.

Der untere Niger wurde bis nach dem Lande Nupe aufwärts von dem Engländer Milum befahren, welcher auch über Nupe selbst reiche Nachrichten veröffentlichte. Der seit 1879 am Niger und Benué rastlos thätige Flegel (gest. 1886) veranstaltete auf seiner ersten Reise eine durch chronometrische Längenbestimmungen gestützte Aufnahme des Benué, des bedeutenden aus Adamaua kommenden Nebenflusses des Niger; auf seiner zweiten Reise, welche wie alle folgenden Expeditionen Flegels von der Deutschen Afrikanischen Gesellschaft ausgerüstet wurden, befuhr er den Niger von Eggan aufwärts bis Gomba und nahm die größere Hälfte des bisher zwischen Rabba und Say völlig unbekannten Laufs dieses Stroms auf, verfolgte sodann den Gülbi-n-Gindi, einen linken Nebenfluß des Niger, bis in die Nähe von Birni-n-Kebbi und erreichte Sokoto; zu Lande nach Rabba zurückgekehrt, traf er hier im April 1881 ein. Mit dem Geleitschein des Herrschers von Sokoto ging Flegel 1882 von Lolo am Benué über Lafia (Berebere), Awoi und Wukari nach Adamaua, welches er am 9. Mai in Kontscha erreichte; Ende Juli verließ er die Hauptstadt Jola, um das Quellgebiet des Benué zu erforschen; der Elfenbeinmarkt Ngaunbere an dem nach Osten fließenden Logone war 1882 das äußerste Reiseziel. Später untersuchte Flegel die Wasserscheide zwischen Benué im Norden und Old Calabar und Kamerun im Süden und stellte die Schiffbarkeit der südl. Zuflüsse des Benué zur Hochwasserzeit fest. Chausse und Holley bereisten 1882—84 Yoruba.

An der (brit.) Goldküste reiste Thompson in Akem (Akim); der Ancobrafluß im Westen dieser engl. Kolonie wurde durch Rumsey, neuerlich durch Burton und V. L. Cameron aufgenommen; letztere beiden besuchten auch die Goldfelder von Wasaw (Wasaw) in der Nähe des Ancobra, welche 50—80 km von der Küste entfernt sind. Lonsdale ging von Kumase (Kumasi), der Hauptstadt von Asante (Aschanti), über die großen Handelsstadt Salaga (Selgha) in Gwandjiowa und von dort längs des Flusses Volta zur Küste zurück. Das Land Gyaman erreichten Lonsdale (1882), welcher bis Bontuku, und Kirby (1884), welcher bis Kuntampo vordrang; Kirby hat auch die östl. Gegenden des Aschantireichs erforscht. Brétignere und Chaper durchkreuzten die franz. Besitzung Assini.

Das zur brit. Kolonie Sierra Leone gehörige Binnengebiet Timmene, sowie den nach Süden begrenzenden Fluß Rokelle, machte Vohsen genauer bekannt. Die Quellflüsse des Niger wurden im Sept. 1879 durch Zweifel und Moustier entdeckt.

In Senegambien und am obern Niger geht die Ausbreitung der franz. Herrschaft mit der geogr. Erforschung Hand in Hand. Die Expedition unter dem Marine-Infanteriekapitän Gallieni, welche 30. Jan. 1880 von St.-Louis nach Segu aufbrach, erlitt zwar bei Dio in Beledougou 11. Mai durch die Bambara eine Niederlage, erreichte jedoch bei dem König Ahmadu von Segu den Abschluß eines für Frankreich sehr günstigen Handelsvertrags, welcher den obern Niger unter franz. Oberhoheit stellte. Eine noch 1880 abgehende militärische Expedition unter Borgnis-Desbordes, dem Derrien zur Seite stand, schritt zur Aufnahme des Gebiets zwischen den obern Stromläufen des Senegal und Niger, legte bei Kita ein Fort an und fand das Terrain für die Anlage einer Eisenbahn sehr geeignet. Soleillet, welcher Mitte Febr. 1880 von St.-Louis aufge-

brochen war, um durch die westl. Sahara nach Algerien zu gelangen, wurde bei Atar in Adrar völlig ausgeplündert und so an der Weiterreise verhindert. Aimé Olivier ging 1880 vom Rio Grande durch Fouta Dialon nach Timbo, wo er bei dem Almamy die Erlaubnis zum Bau einer Eisenbahn von der Küste her und zur Anlegung von Faktoreien erwirkte. Bayol, welcher bereits Gallieni auf dessen Expedition nach Segu bis Bammako begleitet hatte, brachte 1881 den Almamy zur Anerkennung der Oberhoheit Frankreichs über Fouta Dialon und ging von Timbo nordwärts längs des obern Falémé, überschritt den obern Gambia bei Sillacounda und erreichte Médiné am Senegal 17. Nov. 1881. Den Falémé untersuchte auch Colin. Lenoir ging von Sedhiou an der Casamance in nordöstl. Richtung durch das Landschaften Firdou, Oulli und Bondou nach Médiné. Fleur berichtete 1883 über die am obern Senegal gemachten geol. Arbeiten. Sämtliche Resultate der militärischen Expeditionen Frankreichs in diesen Ländern faßte Lannoy de Bissy in seinem Werke «Sénégal et Niger» (1884) zusammen. Eine brit. Expedition unter Gouldsbury und Dumbleton zog 1881 den Gambia hinauf, über den obern Rio Grande und Labi nach Timbo, schloß dort ebenfalls einen Handelsvertrag ab und nahm ihren Rückweg nach Sierra Leone.

Die Insel Solotra wurde zoologisch und botanisch untersucht 1880 durch eine engl. Expedition unter Professor Balfour von der Universität Glasgow, 1881 von der Niederschen Expedition, welcher Schweinfurth von Ägypten aus hierher gefolgt war.

Madagaskar wurde seit 1879 von dem 29. Mai 1881 zu Antananarivo gestorbenen J. M. Hildebrandt bereist; Deans Cowan machte ausgedehnte Aufnahmen; Lieutenant Shufeldt wanderte von Antananarivo durch das Quellgebiet des Flusses Zizibongy nach der Südwestküste. Die Kapverdischen Inseln sind von Greeff und dem Geologen Doelter besucht worden.

II. Staaten und Kolonien (seit 1881).

Die bedeutendsten politischen Veränderungen in A. wurden hervorgerufen durch den Aufstand des Mahdi im ägyptischen Sudan (seit 1883), das Eintreten des Deutschen Reiches in die Reihe der Kolonialmächte (1884) und die Beschlüsse der zu Berlin 1884—85 tagenden Afrikanischen Konferenz, die die Begründung des Congostaates herbeiführten (1885).

Die Deutschen Schutzgebiete in A. sind 1) in Guinea: das Togogebiet an der Sklavenküste (5. Juli 1884 unter den Schutz des Deutschen Reichs gestellt) mit Einschluß des Gebiets von Porto Seguro und Klein-Popo; Kamerun, an der Bai von Biafra vom Rio del Rey bis südlich der Punta Barajaon (größtenteils seit Juli 1884); 2) in Südwestafrika: das Gebiet (Lüderitzland) zwischen der Mündung des Cunene und der des Oranje unter Ausschluß der britisch gebliebenen Uferlande der Walfischbai und einschließlich der vertragsmäßig meist noch 1884 erworbenen Hinterländer; 3) in Ostäquatorialafrika: a) die Besitzungen der Deutsch-Ostafrikanischen Gesellschaft, und zwar die Landschaften Usagara, Nguru, Useguha (Usegua) und Utami, erworben durch Verträge vom Dez. 1884, anerkannt durch kaiserl. Schutzbrief vom 27. Febr. 1885; Landschaft Khutu (Uchutu: erworben durch Vertrag vom 10. Juni 1885); das Kilima-Ndscharo-Gebiet, umfassend die Landschaften Usambara, Pare, Aruscha und Tschaga (Vertrag vom 19. Juni

1885); das Somaliland, 20 Tagereisen landein= wärts, von der Nordküste östlich von Berbera bis Warscheft an der Ostküste (Verträge vom Sept. und Nov. 1885), Usuramo oder Uaramo (Vertrag vom 19. Dez. 1885); Uhehe (29. Nov. 1885); Ubena, Mamatschonde, Mahenge und Wanginde; b) das Witugebiet, welches 8. April 1885 von den Ge= brüdern Denhardt für das Witu=Komitee zu Berlin erworben und 27. Mai 1885 unter den Schutz des Deutschen Reichs gestellt wurde. Ein deutsches Ge= schwader, welches vor Zanzibar erschien, erzwang 13. Aug. 1885 vom Sultan von Zanzibar die An= erkennung der Schutzherrschaft des Deutschen Reichs über die in Ostafrika von Deutschen in Besitz ge= nommenen Gebiete.

Am 1. Nov. 1886 kam ein Übereinkommen zwi= schen den Deutschen Reiche und Großbritannien zu Stande, welches die Ausdehnung des Sultanats Zanzibar, sowie die Abgrenzung der deutschen und englischen Interessensphären in Ostafrika betraf. Das Gebiet, auf welches dieses Übereinkommen An= wendung findet, ist begrenzt im Süden durch den Rovumafluß und im Norden durch eine Linie, welche, von der Mündung des Flusses Tana aus= gehend, dem Laufe des letztern oder seiner Neben= flüsse bis zum Schneidepunkt des Äquators mit dem 38.° östl. L. v. Gr. folgt und dann in gerader Richtung fortgeführt wird bis zum Schneidepunkt des 1.° nördl. Br. mit dem 37.° östl. L., wo die Linie ihr Ende er= reicht. Die Demarkationslinie geht aus von der Mündung des Flusses Wanga oder Umba, läuft in gerader Richtung nach dem Zipe=See, dann entlang an dem Ostufer und überschreitet, um das Nord= ufer des Sees führend, den Fluß Lumi, um die Landschaften Taveta und Tschaga in der Mitte zu durchschneiden und dann entlang an dem nörd= lichen Abhang der Bergkette des Kilima=Nscharo in gerader Linie weiter geführt zu werden bis zu dem= jenigen Punkte am Ostufer des Victoria=Nyanza, welcher von dem 1.° südl. Br. getroffen wird. Groß= britannien verpflichtet sich, im Süden dieser Linie keine Gebietserwerbungen zu machen, keine Pro= tektorate anzunehmen und der Ausbreitung deut= schen Einflusses im Süden dieser Linie nicht ent= gegenzutreten, während Deutschland die gleiche Ver= pflichtung für die nördlich von jener Linie ge= legenen Gebiete übernimmt. Nach Abschnitt 4 dieses Übereinkommens wird Großbritannien sei= nen Einfluß geltend machen, um den Abschluß eines freundschaftlichen Übereinkommens hinsichtlich der konkurrierenden Ansprüche des Sultans von Zan= zibar und der Deutsch=Ostafrikan. Gesellschaft auf das Kilima=Nscharogebiet zu befördern. Beide Mächte erkennen nach Abschnitt 5 als zu Witu ge= hörig die Küste an, die nördlich von Kipini beginnt und sich bis zum Nordende der Mandabucht erstreckt.

Fast gleichzeitig hat das Deutsche Reich auch mit Portugal bezüglich der beiderseitigen Besitzungen in A. ein diplomatisches Übereinkommen getroffen. Demarkationslinien im Westen und Osten des Erd= teils gezogen und südlich, bezierungsweise nördlich von denselben wie Portugal auf Protektorate und Ausdehnung seiner Herrschaft verzichtet. Diese zwi= schen Portugal und Deutschland vereinbarte Grenze der beiderseitigen Gebiete in der südl. West= und Ost= afrika südlich von Angola wird bezeichnet durch den Stromlauf des Cunene von dessen Mündung bis zu seinen zweiten Fällen, weiterhin durch den Berg Chella oder Kanna bis zum Cubango; von hier

folgt die Grenze dem Stromlauf abwärts bis An= bara und wendet sich dann in gerader Linie zum Zambesi in der Gegend der Stromschnellen von Cetimo. Im Norden von Mozambique wird die Grenze durch den Fluß Rovuma von seiner Mün= dung aufwärts bis zu seiner Vereinigung mit dem Msundsche gebildet; von hier wendet sie sich nach dem Ostufer des Nyassa.

Alle Ansprüche aufgegeben hat Deutschland auf das in Senegambien belegene Koba= und Kabitai= land zwischen den Mündungen der Flüsse Pongo und Dubreta, weil von franz. Seite die Rechtmäßig= keit der Besitzergreifung bestritten wurde, da diese Gebiete, als dem Bramagahlande unterworfen, franz. Territorium bilden. Das Mahingebiet im O. von Lagos von 4.° 32' bis 5.° 2' östl. L. v. Gr. und 5.° 46' bis 6.° 20' nördl. Br., sowie Santa= Luciabai an der Küste des Zululandes wurden an Großbritannien überlassen. Schließlich hat es das Deutsche Reich durch das Übereinkommen mit Groß= britannien vom 1. Nov. 1886 abgelehnt, die Schutz= herrschaft über die von der Deutsch=Ostafrikanischen Gesellschaft erworbenen Gebiete des Herrscherhauses der Msara zu übernehmen.

Frankreichs Besitzungen in A., welche sich 1880 erst auf 320972 qkm bezifferten, haben Ende 1886 ein Areal von 2239900 qkm mit einer Be= völkerung von 8817100 E. erreicht. Algerien ver= größerte sich während dieser Zeit von 318334 auf 667000 qkm mit (1881) 3360000 E.; die Kolonie Senegal mit ihren Dependenzen, deren Grenzen namentlich durch die Expeditionen von Gallieni und Bayol bis zum obern Niger auf der Strecke zwischen Bammako und Sansandig und über Fouta Dja= lon ausgedehnt wurden, zählte 1883 auf 290000 qkm 184600 E.; die Erwerbungen an der Elfen= bein=, der Gold= und Sklavenküste, Bassam, Assini, Grand=Bové und Porto Novo, haben ein Areal von 24000 qkm. Durch die Erwerbungen Savorgnan de Brazzas, welche 28. Nov. 1882 von Senat und Deputiertenkammer genehmigt wurden, sowie durch den 5. Febr. 1885 zwischen Frankreich und der As= sociation internationale du Congo zu Paris ab= geschlossenen Vertrag, in dessen Art. 3 die Grenzen der beiderseitigen Besitzungen festgesetzt wurden, ist aus den wenigen Etablissements am Gabun ein franz. Kolonialreich in Westäquatorialafrika ent= standen, dessen östlich bis zum Congo reichendes Gebiet einen Flächeninhalt von etwa 540000 qkm hat. Dazu kommt der Küstenstrich zwischen der deut= schen Kolonie Kamerun und dem span. San=Juan= gebiet. Obok, am Golf von Tadschurra und an der Straße Bab=el=Mandeb, 1884 besetzt, zählte in diesem Jahre auf 6000 qkm 22370 E. Mit der alten Ko= lonie Mayotte (366 qkm) bis (1883) 9100 E.) wurde 1886 der bisherige Schutzstaat der übrigen Como= ren (1606 qkm, 53000 E.) vereinigt. Im J. 1883 hatten die alten Kolonien Insel Réunion im In= dischen Ocean (2512 qkm), Rossi=Bé an der Nord= westküste von Madagaskar (293 qkm) und Ste.= Marie de Madagaskar (165 qkm) an der Ostküste, eine Bevölkerung von 170734, 9539 beziehungs= weise 7496 Seelen. Über ganz Madagaskar jedoch beanspruchte Frankreich die Oberhoheit; im Som= mer 1883 besetzte Admiral Pierre Tamatave und mehrere andere Hafenplätze auf der Ostseite der In= sel; am 6. März 1886 wurde der zu Tamatave mit Madagaskar abgeschlossene Vertrag vom 17. Dez. 1885 ratifiziert, welcher die Feindseligkeiten beendete